加工贸易企业
转型升级研究

——在微笑曲线价值链两端攀升

林　立◎著

经济管理出版社
ECONOMY & MANAGEMENT PUBLISHING HOUSE

图书在版编目（CIP）数据

加工贸易企业转型升级研究：在微笑曲线价值链两端攀升/林立著.—北京：经济管理出版社，2023.5

ISBN 978-7-5096-9167-0

Ⅰ.①加…　Ⅱ.①林…　Ⅲ.①加工贸易—企业发展—研究—中国　Ⅳ.①F752.68

中国国家版本馆 CIP 数据核字（2023）第 135564 号

组稿编辑：高　娅
责任编辑：高　娅
责任印制：黄章平
责任校对：张晓燕

出版发行：经济管理出版社
　　　　　（北京市海淀区北蜂窝 8 号中雅大厦 A 座 11 层　100038）
网　　址：www.E-mp.com.cn
电　　话：（010）51915602
印　　刷：北京虎彩文化传播有限公司
经　　销：新华书店
开　　本：720mm×1000mm/16
印　　张：11.25
字　　数：143 千字
版　　次：2023 年 5 月第 1 版　　2023 年 5 月第 1 次印刷
书　　号：ISBN 978-7-5096-9167-0
定　　价：98.00 元

前　言

改革开放 40 多年来，恰逢经济全球化快速推进的历史时期，得益于我国坚持实施出口导向和积极引进外资的发展战略，政策措施得力，我国成为经济全球化最大的受益者之一，从一个贸易小国成长为贸易大国和贸易强国。但我国加工贸易企业的同质化问题严重。破解加工贸易企业转型升级问题的核心在于技术创新。目前加工贸易企业转型升级研究及企业实践尚不完善，有待进一步探索。因此，本书研究的核心问题是"转型升级"，是企业核心竞争能力的培养和发展的路径。

基本分析框架是"环境—资源—路径（能力培养和发展的路径）"。

本书研究沿着市场结构（转型升级的模式）—企业行为（转型升级的能力构建）—企业绩效（转型升级的效果评价）的思路展开，从提升我国加工贸易企业的创新战略和能力培养的视角，试图探讨以下几个问题：一是我国加工贸易企业转型升级的本质；二是我国加工贸易企业转型升级的环境；三是如何培养加工贸易企业转型升级的能力；四是如何提升加工贸易企业转型升级对绩效的作用；五是地方政府如何促进加工贸易企业的转型升级。

本书共分为四部分：

第一部分为绪论。

这是本书的研究基础和出发点。讨论加工贸易企业的概念和特征，分析"转型"与"升级"的本质。首先阐述了加工贸易企业转型升级研究的必要性，并提出本书的研究重点；其次说明本书的研究思路和主要内容；最后是研究方法和创新点的介绍。

第二部分（第一章、第二章）为理论研究，包括：

第一章　文献回顾和研究框架。梳理了转型升级的文献。

第二章　加工贸易企业转型升级的环境分析。分析了汇率、劳动力、产业等外部因素。国际竞争的压力、市场集中度偏低，未形成合理的产业分工体系和同质竞争是我国加工贸易企业面临的主要问题，同时从需求和供给两方面分析了我国加工贸易企业转型升级的障碍。

第三部分（第三章、第四章、第五章、第六章）为实证研究。

第三章　相关国家和地区转型升级的过程和启示。

第四章　转型升级的宏观战略研究。阐述了地方政府在加工贸易企业转型升级过程中所起的作用，并提出了我国加工贸易企业转型升级的政策建议，包括整体的政策体系，以及相关各项政策。

第五章　企业转型升级的战略研究。在更广泛的意义上验证创新能力与创新绩效之间的关系。创新能力和企业绩效之间存在直接途径和间接途径。创新对企业绩效的影响有可能更多地通过降低运作成本、提升内部运作效率、规模扩张等途径得以实现。

第六章　企业转型升级的路径研究。提出了基于双升级模式下的产业链的变化、加工贸易企业技术创新的变化是企业技术创新的两个重要驱动力，并基于此划分出四类转型升级的基本维度，分别是企业形态优化维度、市场结构优化维度、经营模式优化维度、自主知识产权优化维度。

第四部分（第七章、第八章）为研究结论和附录。

第七章　完善转型升级的政策和监管。公共政策对加工贸易企业的转型升级起着十分重要的作用，同时，海关的监管和执行力度也显得非常重要。概括本书的重要结论，对理论和实践贡献及创新点，然后指出研究中的不足之处，并提出对今后研究方向的展望。

第八章　几个省市推进转型升级政策的调查。附录是实地调查研究中，商务部和海关加工贸易司比较关注的、加工贸易比较有代表性的地区所采用的政策及实施效果。

本书的主要创新点包括：①研究内容的创新。以加工贸易企业转型升级的过程为核心，对加工贸易的宏观战略和企业战略等核心能力进行分析。②研究方法的创新。国内研究与国外研究相比，最大的不足是理论分析多、实证检验少。本书基于前人的研究成果，建立自己的分析框架，并在理论研究的基础上，通过深度的案例研究和计量分析对假设加以验证，力求增强研究结论的说服力。

2023 年正值恩师陈佳贵先生逝世十周年，当年正是时任海关总署署长牟新生和他带领着全国人大财经委调研组赴各地执法检查和调研，我有幸参与其中，本书相当一部分资料来源于实地调研工作。我的博士毕业论文后期修改由他在百忙中亲自指导，博士毕业论文答辩也是他参与的最后一届论文答辩。时隔十年后修改出版此书，回顾审视当年工作的筚路蓝缕，谨以此书表达对恩师崇高的敬意！

目　录

绪　论

第一节　研究背景和意义

一、问题的提出

（一）对外贸易形势

改革开放 40 多年来，恰逢经济全球化快速推进的历史时期，得益于我国坚持实施出口导向和积极引进外资的发展战略，政策措施得力，我国成为经济全球化最大的受益者之一，从一个贸易小国成长为贸易大国和贸易强国。货物进出口贸易额由 1978 年的 355 亿元人民币（当时约 206 亿美元）增长到 2022 年的 42.07 万亿元（人民币，下同），成为世界第一大出口国和第一大货物贸易国，净出口对经济增长的年均贡献率超过 10%，对外贸易带动就业人数超过 1.8 亿人。以 2019 年三大需求贡献率为例，2019 年最终消费支出对经济增长的贡献率为 57.8%，资本形成总额贡献率为 31.2%，货物和服务的净出口贡献率为 11.0%（见表 0-1）。

表 0-1　三大需求对 GDP 增长的贡献率和拉动点　　　单位:%

年份	最终消费支出	资本形成总额	货物和服务净出口	GDP 增速	拉动点（百分点）		
					最终消费支出	资本形成总额	货物和服务净出口
2015	69.0	22.6	8.4	7.0	4.9	1.6	0.6
2016	66.4	45.1	−11.5	6.8	4.5	3.1	−0.8
2017	55.9	39.5	4.7	6.9	3.9	2.7	0.3
2018	72.6	32.4	−8.6	6.7	4.4	2.9	−0.5
2019	57.8	31.2	11.0	6.1	3.5	1.9	0.7

2021 年，我国实际使用外商投资 11493.6 亿元，累计吸引外国直接投资达 1.1 万亿元。外商投资企业带来资金、技术、管理经验和国际营销渠道，直接促进了我国的经济增长、就业水平提高和税收收入增加，还通过技术外溢大幅提升了我国产业的国际竞争力。

图 0-1 为中国货物贸易金额和增速。

（二）改革开放至 2010 年前后的加工贸易情况

改革开放后，加工贸易作为一种新的贸易方式在我国出现。从最初接受中国香港加工业转手的订单开始，加工贸易规模从小到大快速增长，加工贸易一度成为我国主要的贸易方式。加工贸易是指加工方由外方提供原料、辅料和包装材料，按照双方商定的质量、规格、款式加工为成品，交给对方，收取加工费。有的是全部由对方来料，有的是一部分由对方来料，另一部分由加工方采用本国原料的辅料。此外，有时对方只提出式样、规格等要求，而由加工方使用当地的原料辅料进行加工生产。这种做法常被

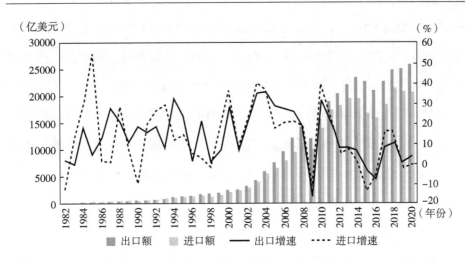

图 0-1 中国货物贸易金额和增速

资料来源：国家统计局、海关总署。

称为"来料加工"。根据加工贸易"两头在外"的基本特征，海关对进口料件实施保税监管，即对其进口料件实施海关监管下的暂缓缴纳各种进口税费的制度。料件的保税可以大大降低企业的运行成本，增加出口成品的竞争力，同时又对加工贸易保税料件监管提出较高的监管要求。原料辅料运到保税区时已属于"境内关外"（相当于出口），所以制成品运出就要上税。料件保税是加工贸易的灵魂与核心，是区别于一般贸易的重要标志。

2010 年前后，我国加工贸易企业转型升级工作取得积极成效。一是转型升级试点工作顺利铺开。国务院有关部门与广东省共建珠三角全国加工贸易转型升级示范区，确定苏州和东莞为转型升级试点城市，细化落实加工贸易转型升级的发展目标和相关政策。二是加工制造产业链不断延伸。代工企业与发包企业建立互信机制，增强双方关系，尊重发包企业知识产权，使其提供更多的高附加值的新产品、新技术。部分企业从单纯加工逐步转为"设计+生产"，实现了从贴牌生产向创立品牌转变，东莞出口300强企业基本实现了"设计+生产"模式。深加工结转业务不断扩大，产品配套生产供应能力增强，加工贸易国内采购和增值部分占出口的比重从2006年的37%提高到2010年的43.6%。三是梯度转移速度加快。中西部地区设立了44个加工贸易梯度转移重点承接地，2010年加工贸易进出口平均增长47%，高出全国增速20个百分点。海关设立特殊监管区域等举措已经成为加工贸易转型升级和梯度转移的重要推动力。

（三）加工贸易在现阶段面临的压力

2020年，国务院下发《关于同意全面深化服务贸易创新发展试点的批复》，原则同意商务部提出的《全面深化服务贸易创新发展试点总体方案》，同意包括大连在内的28个省、市（区域）为全面深化服务贸易创新发展试点。全面深化试点期限为3年，自批复之日（2020年8月2日）起算。全部试点地区：北京、天津、上海、重庆（涪陵区等21个市辖区）、海南、大连、厦门、青岛、深圳、石家庄、长春、哈尔滨、南京、苏州、杭州、合肥、济南、威海、武汉、广州、成都、贵阳、昆明、西安、乌鲁木齐和河北雄安新区、贵州贵安新区、陕西西咸新区等28个省、市（区域）全面深化服务贸易创新发展试点。全面深化试点期限为3年，自批复之日起算。依据最新的加工贸易企业政策，企业在办理加工贸易货物内销集中征税时，不仅不需要缴纳担保金，系统还将自动免征缓税利息，企业无须另行申请，提高了企业办理内销业务的整体效率。

据海关统计，2021年1~8月，我国加工贸易市场规模进出口总值20.05万亿元，加工贸易市场规模比2020年同期下降0.6%，降幅较前7个可收窄1.1个百分点。其中，加工贸易出口11.05万亿元，增长0.8%；进口9万亿元，下降2.3%；贸易顺差2.05万亿元，增加17.2%。2021年前三季度，我国加工贸易出口同比下降 7.3%，但加工贸易进口的下降速度更快，同比下降 11.7%。表明我国不仅为全球制造商品，同时也为全球组织商品的制造活动。上游生产恶化是我国加工贸易规模明显萎缩的重要原因之一。

我国一般贸易出口整体呈上升趋势，加工贸易出口整体有所萎缩，其他贸易出口整体变化不大。2021 年，一般贸易出口额 1.23 万亿美元，加工贸易仅为 7588 亿美元。一般贸易出口额占比在不断增加，而加工贸易的出口额占比有所下降。我国贸易公司以加工贸易为主，增值能力不高，同时我国国内贸易产品主要由外资主导，有很大的市场风险，我国作为最大的发展中国家，贸易公司众多，只有聚合成大型贸易公司，才能扩展发展空间。

我国加工贸易企业的转型升级面临挑战。从中期看，由于全球经济的再平衡，美国增加储蓄和减少预算赤字、发展自身制造业。德国、日本等发达国家都纷纷降低对出口的依赖，欧洲进行结构性改革以利于保护本土企业的投资，全球贸易不平衡矛盾中期将越来越突出；从长期看，人民币长期的升值潜力巨大，全球新一轮长周期产业转移开始。本书研究的核心问题是"转型升级"，是企业核心能力培养和发展的路径。基本分析框架就是"环境—资源—路径（能力培养和发展的路径）"。

二、2010 年前后开展研究的背景

2008 年国际金融危机后，党中央国务院及时采取应对措施，我国经济基本遏制了快速下滑的态势，开始进入企稳回升的关键期。但面临的外部环境还存在很大的不确定性，经济持续增长的基础还不够稳固。随着逐步释放扩大内需政策的能量，经济企稳回升，社会上出现了新的积极变化：

加工贸易越发展，国内市场的规模就呈现越来越大的特点，开放程度越来越高。表 0-2 为中国加工贸易发展概况。

2011 年 1~4 月，社会消费品零售总额同比增长 15%，增速同比回落了 6 个百分点。因为居民消费价格指数也同比减少 1.5%，涨幅同比减少 10%。加工贸易企业越来越注重兼顾国内、国外两个市场，2011 年进料加工进出口总额达到 192.5 亿美元，首次超过来料加工，占加工贸易进出口总额的 53.2%。一方面是投资快速增长，2011 年 1~5 月，城镇固定资产投资同比增长 32.9%，比历年平均增速高 10%；另一方面是消费增长平稳。因此，剔除价格的因素，社会消费品零售实际增长率呈上升趋势。

表 0-2   中国加工贸易发展概况（1980~2008 年）

单位：亿美元,%

年份	加工贸易进出口额 （占进出口总额的比重）	其中：加工贸易出口 （占加工贸易进出口额的比重）	其中：进料加工贸易 （占加工贸易进出口额的比重）
1980	16.66（4.4）	6.56（3.6）	3.36（20.2）
1989	361.61（32.3）	198.07（37.7）	192.49（53.2）
1991	574.87（42.2）	324.31（45.1）	336.28（58.5）
1996	1465.0（50.6）	843.4（55.8）	1045.0（71.3）
1998	1730.4（53.4）	1044.7（56.8）	1224.03（70.7）
2000	2302.2（48.6）	1376.6（55.2）	1611.09（70.0）
2005	6904.79（48.6）	4164.67（54.6）	5394.83（78.1）
2006	8318.26（47.2）	5103.55（52.7）	6635.15（79.8）
2007	9680.5（45.4）	6176.5（50.7）	7808.4（80.7）
2008	10536（41.1）	6751.8（64.1）	8534.2（81.0）

资料来源：历年《中国对外贸易年鉴》、历年《中国海关统计年鉴》。

来料加工的好处是不必付原材料采购费，不担销售风险，不操心产品的销路，不负盈亏，只收取用工费。改革开放初期，中方企业规模有限，这种方式具有特殊的优势。以后每隔几年上一个台阶，1992 年突破 60%，达到 60.7%；2008 年达到 81.0%。农村消费增速已连续快于城市消费增长；工业运行低位趋稳。2009 年 1~4 月，规模以上工业增加值同比增长 5.5%，其中 3 月、4 月两个月增速分别为 8.3% 和 7.3%。此外，作为经济先行指标的 PMI 指数连续 3 个月超过了经济扩张和收缩分界线，汽车消费和资本市场也出现了不同程度的回暖迹象。从增长幅度看，1980~2008 年，我国进料加工贸易额增长了约 2500 倍，来料加工贸易额增长了 140 倍，前者增速远远快于后者。这意味着我国利用外资的质量有所改善，从事加工贸易企业的生产经营能力和营销能力在提高。来料加工的绝对值虽然在上升，但其增长速度慢于进料加工，进料加工在加工贸易总量中所占的比重日益上升。

在出口政策的选择上，正确使用出口退税的政策杠杆。从增值率上看，进料加工贸易增值率逐年上升，而来料加工贸易增值率逐年下降；2000 年及以后是前者大于后者，而且差距在扩大。2007 年来料加工贸易增值率为 30.1%，进料加工贸易增值率为 79.6%，前者是后者的 2 倍。刺激出口增长的路径依赖是上调出口退税率和放松出口退税政策，但是这种惯性选择要考虑财政合理负担和出口退税政策的准确定位，不可滥用，否则也会导致不良后果。对出口贸易的救助，要特别考虑调整人民币汇率，这既是减轻财政压力的有效办法，也是保持出口贸易合理增长的需要。回顾国际产业转移进程：第一轮产业转移是 20 世纪 50 年代美欧向日本实施产业转移；第二轮产业转移是 20 世纪 60 年代中期日本向亚洲"四小龙"实施产业转移；第三轮产业转移是 20 世纪 80 年代中期亚洲"四小龙"向我国沿海地区产业转移；第四轮产业转移是 21 世纪初期我国沿海地区产业对外扩张和转移；第五轮产业转移是"一带一路"政策下十年来迅猛的对外投资。

2008 年受国际金融危机冲击影响，我国经济发展长期积累的体制性、结构性矛盾凸显。体现在外贸领域主要是经济增长过度依赖外部需求、外向型经济质量效益不高、外贸发展方式粗放等，我国外贸发展"大而不强"。"十二五"时期，我国处于重要战略机遇期，但面临的国内外环境更为复杂。国际金融危机之后，国际产业转移和贸易格局加快调整，我国长达 20 年的国际收支"双顺差"（经常项目顺差和资本项目顺差）格局面临诸多挑战。国际贸易保护主义抬头，不仅欧美发达国家与我国贸易摩擦增多，不少发展中国家也对我国快速发展存有疑虑，国际经贸关系中的矛盾日益尖锐。在劳动力、原材料价格不断上涨，土地、资源、环境等约束持续增强的情况下，我国原有的外贸发展方式难以适应新时期的发展需要，2010 年前后，加快转变外贸发展方式的必要性和紧迫性进一步增强。

三、十年后回顾这项研究的意义

2011 年 4~6 月，笔者有幸跟随导师陈佳贵研究员参加了在 2008 年加工贸易转型升级调研的基础上就转变我国外贸发展方式开展的专题调研。除了在北京与有关部门和专家学者进行座谈，还会同商务部和海关总署有关司局的负责同志，赴上海、江苏、广东、河南、四川和重庆等地开展了实地调研。调研期间，与地方政府及相关部门负责同志、企业代表、专家学者进行座谈，实地考察了部分海关特殊监管区、高新区、工业园区和外贸企业。书中结合调研相关资料及相关课题研究，比较金融危机前后加工贸易企业的总体情况，以及东莞、重庆、上海、成都等地应对金融危机采取的政策思路，对加工贸易企业转型升级的路径、类型、推动力、目标、竞争力等进行理论探讨。目前，我国正处在高质量发展的关键时期，回顾十多年前，在开放条件下推进我国产业结构转型升级，总结闯过各种艰难险阻的经验，对现实仍具有借鉴意义。

第二节　研究思路与内容

一、本书的研究思路

自 20 世纪 70 年代末以来，全球化快速推进。经济全球化和信息技术革命给世界经济带来的诸多深刻变化之一，就是形成了全球产业价值链（Global Production Value Chain），使一个产业的不同价值环节在全球范围内展开，有别于以往主要局限在一个国家内的生产布局形态。正是由于全球产业价值链的形成，发展中国家参与了跨国公司主导的全球生产价值链，出现了产业内贸易的快速发展，发展中国家成为低附加值制成品的出口大国，成为服务外包的重要供应国。

加工贸易（Processing Trade）从狭义上看，是指发展中国家从境外进口原辅材料和零部件等中间投入品，在境内加工组装后再复运出境销售的贸易活动。在加工贸易发展的初期，发展中国家所从事的生产制造活动大多是技术含量较低的生产环节，但随着加工企业对外来技术的吸收，加工贸易产业会逐步实现转型升级，并带动国内经济的发展。我国当前提出的加工贸易转型升级问题，从其实质内容看，比照东亚国家和地区已经走过的工业化发展历程，实际上是我国试图在走完了工业化起步阶段以后，走向新型工业化道路的过程。我国走向新型工业化的内容可以概括为在全球产业分工体系中实现产业链和价值链的双升级。

从广义上说，加工贸易是指为生产和提供最终产品与服务而形成的一系列企业关系，这种关系将分布于世界各地的价值链环节连接起来，从而构成了全球价值链或全球商品链。可以把参与全球加工贸易的企业主体分为领导厂商和当地供应商两类。领导厂商处于网络的核心位置，主要从事全球价值链中的高附加值环节，其竞争优势主要源于对关键资源的控制、创新能力及协调不同节点之间交易和知识交流的能力，当地供应商可进一步分为高层级供应商与低层级供应商两类，通过调整企业组织结构，提高追赶先进企业的学习能力和组织能力，尤其要注重学习先进企业如何在价格、质量、交货期、售后服务等方面满足客户的需求，学习降低生产和时间成本的竞争手段，发展规模经济和速度经济。前者直接与领导厂商进行交易，一般拥有自主性技术，同时建立了自己的小型全球生产网络，除核心和战略性营销活动被领导厂商控制外，一般能够承担所有的价值链环节，后者直接与前者进行交易，一般很少与领导厂商打交道，其竞争优势主要来自低成本及交货的灵活性和速度，主要从事全球价值链中的一些低附加值部分。随着全球生产网络的形成与发展，价值链环节在全球范围内实现了分解与重新配置，网络内的分工（产业或产品内不同价值链环节的分工）逐渐代替产业间分工成为国际分工的主导。我国加工贸易自身存在的问题也很突出，给我国加工贸易的转型升级提出了挑战。

沿着全球价值链两端攀升与跳跃，实现加工贸易功能升级。功能升级是指企业逐步调整嵌入价值链的位置与组织方式，通过拥有该行业价值链的"战略性环节"，最终获得该行业价值链上的统治权。功能升级是对企业分工地位、经营业务和组织方式的调整，对企业技术创新或国际市场营销能力要求比较高，而且还需要冒很大的风险。因此，功能升级非常艰巨，加工贸易升级往往受阻于此。功能升级沿着价值链攀升一般有两个方向：一是侧重于研发设计，致力于技术创新，从原厂委托制造、原始设备制造（Original Equipment Manufacture，OEM）演进成原始设计制造（Original Design Manufacture，ODM）甚至设计制造服务（Design Manufacture Service，DMS）。一部分从事 OEM 的加工贸易企业通过"干中学"和"组织演替"不断积累整体资源能力和经验后，逐步转变为主要依靠自身研究与开发成果，成为集设计、制造、经营于一体的技术密集型企业，实现企业功能性升级。二是侧重于渠道和品牌建设，致力于创品牌，从 OEM 或 OEM 与 ODM 相结合演进成生产商自创品牌（Original Brand Manufacture，OBM）。在渠道和品牌建设上，加工贸易企业可建立具有国际市场竞争力的自主品牌；也可"借道"他人渠道和网络向全球推广自己的品牌和产品；还可建立品牌战略联盟，"合伙"进军国际市场。我国加工贸易企业依据全球价值链的升级轨迹都是从 OEA（组装商或贴牌加工）或是 OEM 开始最终实现 OBM。对于市场拓展能力较强的企业，可能会开始于 OEA，到 OEM，再到全球物流契约（Global Logistics Contracting，GLC）模式，从而使其生产纳入全球物流体系，以实现市场扩张，最后发展到 OBM。对于技术能力相对较强的加工贸易企业，首先从发展技术能力开始，从 OEA 逐渐发展到 ODM，待自行设计能力达到一定水平以后再提高市场开拓能力，最终实现 OBM。

二、研究的主要内容

加工贸易企业转型的内涵可以归纳为产品产地转移、组织方式转化、生产方式转化、营销市场转变、股权结构转变等多种方式（见图 0-2）。

一是产品产地转移。由沿海加工为主向内陆加工转移，实现加工贸易区域结构布局优化，平衡沿海和内陆间的加工贸易产业分布，形成产业联动的格局。

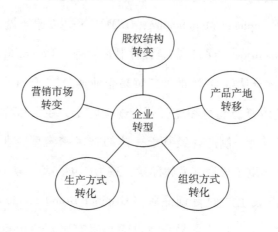

图 0-2 企业转型内涵示意

二是组织方式转化。由受托型加工向自主型企业转型，特别是要从当前的"海外接单、中国生产、海外出口"模式向"中国接单、大陆生产和大陆直接出口"的模式转变。

三是生产方式转化。由高能耗型加工向清洁化生产转型，在加工贸易领域按照科学发展观的要求，坚持"减量化、再利用、资源化"的原则，推进由粗放的高能耗型加工向集约的清洁化生产型转化。

四是营销市场转变。由出口海外向内外市场销售转变，以扩大内销为重点，着力促进其开拓国内市场，鼓励支持引导其开展内销业务，扩大产品内销比重，提高国内市场的份额。

五是股权结构转变。由外商投资企业为主逐步走向国内企业为主，尤其是民营企业为主的转变。

调研结果显示，当前阶段企业负责人面对的转型压力主要有以下几个方面的问题：

一是资金紧张。企业负责人认为资金紧张持续期间越长，企业倒闭的风险就越高。

二是人工成本。79%的企业负责人强调企业缺少高端人才。新《劳动合同法》的实施使人力资源成本提高。尤其在我国制造业劳动力密集型的区域，对这方面的感受更加深刻。

三是研发投入。企业负责人正越来越强烈地感受到环保、节能责任的加重，特别是在钢铁、有色、建材、化工、电力等"两高"行业。节能、环保也是把"双刃剑"，企业必将在短期内加大产品研发、环保成本费用支出，虽然有一些政策鼓励措施，但还是会影响到短期经营业绩。

四是压力紧迫。当前企业面临的经营风险留给企业负责人采取措施的时间越来越短，面临的压力也越来越紧迫。如何应对经营风险是目前普遍关注的一个问题。企业负责人认为当前信息化手段欠缺、一系列的软保障及措施不足，攻克这三点才能使企业的经营风险有所下降。

以上四个问题，是在我国国民经济发展到特定阶段而产生出来的。2008年末的国际金融危机，提前释放了我国宏观经济经过若干年高速发展后所积累的矛盾，使正处于产业结构调整时期的企业经受了空前的压力。代工企业要与发包企业建立互信的合作关系，增强双方的相互信任，减少发包企业知识转移的风险，提供更多的产品附加价值，在这样的压力之下，虽然企业经营面临的危险重重，但"危"中有"机"，这是企业转型升级非常好的机遇。在我们所访问的企业中，有不少已经找到一条适合自己企业的转型路径。除了对产业高端形态认识不到位外，也存在一些客观的因素。企业要通过调整企业组织结构，提高追赶先进企业的学习能力和组织能力，尤其要注重学习先进企业如何在价格、质量、交货期、售后服务等方面满足客户的需求，学习降低生产和时间成本的竞争手段，发展规模经济和速度经济。

加工贸易的转型升级，首先是从进料加工在整个加工贸易中比重的上升和来料加工贸易比重的下降起步的。行业层面的转型即加工贸易由资源密集型产业和劳动密集型产业向资本或技术密集型产业转变，并同时可能进入制造型服务行业。加工贸易企业在中外合作过程中，必然从海外合作企业及相关人员那里大量接触和学到了各种技术和知识，海外企业及相关合作人员成为加工贸易企业的学习标杆、模仿对象和赶超目标，在管理人员和一般劳工自由流动的情况下，再加上企业上下游的业务联系，必然使知识和技术溢出到整个行业甚至是相关行业，进而推动行业及相关配套行业的转型升级，使整个行业竞争力提高。代工企业可通过设立知识、信息的收集管理部门建立内部的知识共享、转移和创新机制，努力将合作伙伴的知识内部化、技能内部化，并将内部化的知识与原有的知识结合起来，增强企业的创新能力。外贸发展方式不仅表现为对外贸易和外资结构，其背后是土地、劳动力、资金等诸多生产要素在国际、国内两个市场上的配置利用，关系到产业结构、就业、收入分配等一系列重大问题，实质上体现着国民福利和国家利益关系。加快转变外贸发展方式有利于实现经济增长依靠内外需协调拉动，有利于优化产业结构、城乡结构、区域结构。

　　价值链：企业的每项生产经营活动都可以创造价值，这些相互关联活动构成了创造价值的动态过程，即价值链（Porter，1985）。功能升级是对企业分工地位、经营业务和组织方式的调整，对企业技术创新或国际市场营销能力要求比较高，而且还要冒很大的风险。因此，功能升级非常艰巨，加工贸易升级往往受阻于此。

　　产业价值链：价值创造的各个环节处于不同的企业中，形成一个连续追加的价值创造过程，即产业价值链。功能升级沿着价值链攀升一般侧重于研发设计，致力于技术创新，从 OEM 演进成 ODM 甚至 DMS。从而使其生产纳入全球物流体系，以实现市场扩张，最后发展到 OBM。

全球产业价值链：随着经济全球化的推进，产业价值链上的不同环节分布在不同的国家和地区，即成为全球产业价值链。信息技术发展高新技术和改造传统产业将信息技术渗透于加工贸易的产品设计、研发、制作、管理、营销等整个产业链之中，以提升产品质量、效率和效益，使制造业得到更好更快的发展。

产业结构升级：支持拓展生产性服务业，着力优化加工贸易结构。鼓励制造高新技术产品，以提升价值链为目标，加快运用高新技术和先进适用技术改造提升传统加工业，着力提高产品附加值和企业核心竞争力。发展装备制造关键材料，注重培养前后关联产业的零部件配套能力，通过中间产品的进口替代，延长国内产业链条，形成产业集聚。

产业链：围绕服务于某种特定需求或特定产品进行生产，形成的一系列互为基础、互相依存的上下游生产链条。提高加工贸易增值水平。从单纯的加工制造向上下游延伸。在国际产业分工链条上，向上游发展提高技术研发和产品设计能力；在中游精选从事加工制造链增值大的环节；向下游延伸发展国际物流和配送业务。

图 0-3 为企业升级内涵示意图。

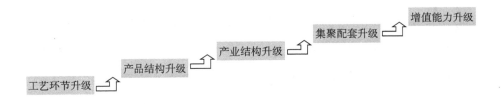

图 0-3　企业升级内涵示意

一是工艺环节升级。走节能降耗高效生产技术之路。

二是产品结构升级。支持拓展生产性服务业，着力优化加工贸易结构。

三是产业结构升级。

四是集聚配套升级。发展装备制造关键材料。

五是增值能力升级，如知识创新。创新是经济社会发展最重要的推动力。创新是企业家的职能。在我国当前发展阶段，与之相应的人文方面的内生动力要予以充分重视。

升级是在一个特定的行业内，总体来看，多数企业由处于整个产业价值链的低端环节向高端环节转变，并进一步延长价值链进入服务领域，同时带动相关配套企业及行业的产生并不断升级。因而，现实中行业层面的转型与升级也是同途同归的过程，同时它是企业转型升级的总体表现与结果。行业层面的转型升级机制是指由加工贸易所导致的在行业内及行业间的知识和技术溢出效应、示范效应、劳动力流动效应和垂直联系效应的综合作用及过程。

回顾"十一五"时期，我国的贸易大国地位巩固，2010年出口额达到15779亿美元，占全球份额由7.3%提升到10%；吸收外商直接投资首次突破1000亿美元，达到1057.4亿美元；非金融类对外直接投资截至2010年底累计达到2600亿美元，分布在177个国家和地区，境外资产总额超过万亿美元。对外贸易的超常规、跨越式发展，使我国迅速融入了国际产业分工大格局，当年带动我国经济总量跃居世界第二位。对外经贸发展取得了巨大成就，为国民经济长期平稳较快发展做出重要贡献，为进一步深化改革、提高开放水平奠定了坚实基础。在我国现阶段，资源、能源高消耗的经济增长方式之所以难以转向技术密集、资源和能源低消耗的经济增长方式，原因虽然很多，但最主要的是我国自主创新能力和水平较低，在关键生产领域缺少核心技术。因此，无论从融入世界经济、参与国际竞争的角度，还是从中国经济长期发展的角度，均需鼓励和大力推进自主创新。

　　依靠劳动力、资源和能源高投入拉动的中国式经济增长方式面临着两大挑战：一是在全球经济一体化背景下这种以高资源和能源消耗为主的经济增长方式，不仅给中国经济发展带来了压力，也给世界发展带来了一定程度的压力，越来越显现出它的不可持续性。虽然这样一种经济增长方式在短期内还有可能支撑中国经济的快速增长，但长此以往是根本不可能的，也是办不到的。二是随着经济全球化的发展，在中国经济与世界融合的同时，也加大了竞争的深度和广度。依靠劳动密集和资源、能源高消耗形成的经济竞争力，大多只能是处于产业链低端的竞争力，很难成为世界产业链高端的竞争力，从而也就不太可能形成核心竞争力和长期可持续竞争优势。因此，建立在这样一种基础上的竞争力水平，只能扮演"世界加工厂"的角色，还不可能成为"世界制造业大国"，更不可能成为创新型国家。

　　改革开放以来，民营经济不断发展壮大，并在中国国民经济中占据越来越重要的位置，成为中国经济发展中一支最活跃的重要力量。过去，民营企业靠简单地引进技术或技术模仿取得了高速发展。今天，继续依靠这样一种技术支撑，已经不能适应我国经济发展的需要了，更不能适应我国经济国际化发展的需要了。民营企业实际上也已经发展到了需要通过自主创新提升自身竞争力的阶段。从目前我国民营企业发展的现状看，尽管我们有深圳华为、重庆力帆、浙江飞跃等一批在自主创新中走在前列的优秀企业，但正如当年课题组对中国部分省市企业自主创新调查及其样本分析得出的结论那样，由于受到规模和实力限制，能够真正进行自主创新的民营企业从总体上说所占比重还比较小。民营企业的自主创新还面临众多困难和问题，自主创新的能力还十分有限。因此，着力推进各类企业开展自主创新，特别是推进民营企业实施自主创新，已经成为提升民营企业竞争力、促进我国经济增长方式转变、提高我国经济总体竞争力水平的一件大事，具有十分重要而紧迫的意义。

民营企业要加强和提升自主创新能力，第一，要加强企业治理结构建设。良好的企业治理结构，使企业具有持续成长能力。只有进一步加强企业治理结构建设，才可能真正走上不断创新、永续发展的轨道。第二，要积极加入到国家创新体系中来，从多层面参与自主创新。第三，要深入研究并努力克服阻碍企业开展自主创新的内部和外部因素，特别是要注意从内部抓起，加大自主创新力度，扎扎实实开展自主创新，以从根本上提升自身的自主创新能力和企业成长与发展能力。至于外部因素，也要在参与过程中积极加以克服。第四，要注意从实际出发制定科学的自主创新战略，选择适合于自身条件的自主创新形式和内容。第五，要注意积极培育企业自主创新文化，发挥文化软实力的创新支撑作用。

2011 年，人民币升值等影响转型升级的因素未对深圳进出口产生实际影响。当时人民币对美元呈持续升值态势。2011 年 1 月 13 日，人民币兑美元汇率中间价突破 6.6，2011 年 4 月 29 日，人民币兑美元汇率中间价报 6.499，突破 6.5 关口。深圳进出口企业整体汇率避险意识较强，人民币升值对进出口总体影响有限，但对不同行业企业的影响差异显著。一是进出口企业整体汇率避险意识较强。2005 年人民币汇率机制形成改革，企业风险意识和应对能力逐步增强。对于人民币升值，企业普遍早有心理预期，并提前采取措施积极应对。企业避险措施主要包括通过技术创新和产品创新，提升核心竞争力和定价主动权；调整经营结构，兼顾内销和外销，兼顾进口和出口；强化外汇风险管理，在合同谈判阶段考虑汇率波动因素；运用贸易融资叠加汇率衍生业务，实现无风险套利；以人民币计价结算，从根本上转嫁汇率波动风险。二是对深圳进出口总体影响有限。深圳加工贸易占比高，汇率波动影响相对较小。当时深圳加工贸易进出口占全市外贸进出口总值的 56.3%。由于加工贸易具有"两头在外""大进大出"的特点，人民币升值对进口和出口的影响有正有负，两者相抵后带来的负面影响较小。三是高新技术产品和机电产品占比高，企业抵御汇率风险能力较强。目前，深圳高新技术产品和机电产品进出口分别占全市外贸进出口总值的 53.2% 和 73.6%。这些企业具有较强的产品和服务议价地位，同时也拥有较为丰富的资金和财务管理经验，抵御汇率波动风险的能力较强。四是渐进、波幅可控的汇率改革原则，为企业应对留出了时间和空间。

2007 年，江苏、广东等地在促进加工贸易转型升级方面做了不少工作，苏州加工贸易机电产品和高新技术产品出口占加工贸易出口比重达到 81.3% 和 55.2%。2007 年，我国加工贸易深加工结转进出口总额同比增长 15.3%，占加工贸易进出口总额的 20.1%。广东 70% 的加工贸易企业有深加工结转业务，结转金额约占全省加工贸易进出口额的三成，推动加工贸易方式由来料加工为主向进料加工为主转变。1980 年来料加工和进料加工进出口额分别占全国加工贸易总额的 80% 和 20%，2007 年转变为 20% 和 80%，基本实现了加工贸易方式内部结构的转换。加工贸易转型升级取得一定进展。出口产品和产业结构趋于优化，但高端产品低端加工，高级产业低级生产状况仍很普遍。2007 年，加工贸易中机电产品和高新技术产品出口分别占加工贸易出口总额的 78% 和 45.8%，而纺织品、箱包、服装、玩具、鞋类等传统劳动密集型产品在加工贸易中的比重，从 2001 年的 27% 降至 2007 年的 12%。尽管出口产品和产业结构实现了高级化，但我国加工贸易企业在国际产业分工中仍然停留在产业链低端，赚辛苦钱的状况没有根本改变。多数加工贸易企业仍然集中在劳动密集、中低技术、加工组装等低端生产环节，且大多属于贴牌生产，技术增值量和出口附加值低。在产品设计、关键零部件配套及品牌营销等环节上，多数被国外控制。自主创新能力不强，核心技术受制于人的问题尤其突出。外商投资企业加工贸易进出口额占全国加工贸易的比重从 1990 年的 28.8% 提高到 2007 年的 84.3%，其中 2003 年曾超过 90%，在加工贸易中占绝对优势。多数地区外资企业加工贸易额占当地加工贸易额的比重均接近或超过 90%。相较之下，2007 年国有企业和民营企业加工贸易进出口额同比分别增长 17.4% 和 32.8%，但两者合计仅占全国加工比重的 15.7%。国有和民营加工贸易业务规模较小，整体实力弱，创新能力和国际营销能力不强，特别是利用加工贸易拓展国际市场的能力明显不足，国内企业还很难担当推动加工贸易转型升级的主力军。外资企业主导我国加工贸易发展，导致国内收益相对较低，同时，不利于培育本土品牌，对本土企业技术进步带动力不足，对自主创新能力提高推动力不够。外资加工贸易企业的战略目标和发展意愿直接影响加工贸易转型升级的方向和进程，对加工贸易转型升级形成一定制约。2007 年，东部沿海 10 省份加工贸易出口额为 6007.8 亿美元，占全国加工贸易出口额的 97.3%，中西部地区 21 个省份加工贸易出口在全国的占比仅为 2.7%。从单个地区看，加工贸易企业分布也很不均衡。广东省加工贸易企业的近 60% 集中在深圳、东莞两地，约 90% 集中在珠三角地区，东西两翼和北部山区加工贸易企业仅占一成左右。江苏省加工贸易企业则主要集中在苏南地区，苏北与苏南加工贸易规模相差悬殊。由于传统的加工贸易项目需占用较多土地、劳动力，大量消耗能源资源，对环境破坏严重，加工贸易布局高度集中，给一些地区资源环境带来巨大压力。近年来，深圳新增土地不足，加上电力供应紧张，当地加工贸易发展受到很大局限，即便如此，多数企业也不愿意向中西部内地搬迁转移。主要原因是，中西部产业配套不足，运输成本高，物流效率低，一些政府部门服务意识差，总体经营环境不好。加工贸易发展较好的地区多数属于外向型经济，地方外贸增长和经济发展对加工贸易依赖性强，转移加工贸易影响地方经济利益，阻力较大。

第三节 "环境—资源（能力）—路径" 研究框架

图 0-4 为本书的研究框架。

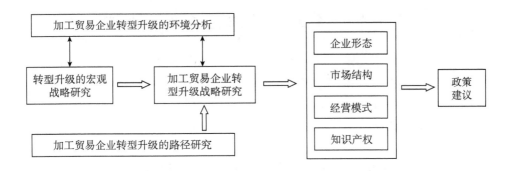

图 0-4 本书的研究框架

第一章　文献回顾和研究框架

第一节　企业战略理论及分析框架

一、环境学派

企业成长离不开主导战略的制定和实施。环境学派从匹配（Match）、一致性（Fit）的角度，研究了企业战略的竞争优势，代表人物有 Porter 和 Freeman。该学派将战略管理完全变成了一种被动的过程，企业战略管理就是企业观察了解环境并保证自己对环境的完全适应，分析两个组织在一个类似的环境中怎么能够成功地采用完全不同的两种战略。并通过构建价值链分析方法，分析了企业如何通过有效的战略活动来实现竞争优势。Porter（1996）认为，战略是企业的一种独特的、有利的定位，这种定位涉及对企业不同运营活动的取舍。企业战略实施过程中，战略匹配是创造企业竞争优势的核心要素。与其他学派相比，环境学派没有将战略的制定归结为组织内部的某个成分，而是将注意力转移到组织外部，重点研究组织所处外部环境对战略制定的影响。通过战略匹配，企业可以建立一个环环相扣、紧密连接的链，并将模仿者拒之门外。环境作为一种综合力量是企业战略形成过程中的中心角色，企业必须适应这些力量。领导由此变成了一种被动的因素，负责观察了解环境并保证企业完全与之适应。拒绝适应环境的企业终将死亡。匹配可以分为三个层面：第一层面的配称是保持各运营活动或各职能部门与总体战略之间的简单一致性；第二层面的配称是各项活动之间的相互加强；第三层面的配称已经超越了各项活动之间的相互加强，也就是"投入最优化"（Optimization of Effort）。企业战略定位有三个不同的原点：基于组合的定位（Variety-based Positioning）、基于需求的定位（Needs-based Positioning）、基于通路的定位（Access-based Positioning）。这种定位不仅决定公司应该开展哪些运营活动、如何设计各项活动，而且还决定各项活动之间如何关联。偶然性理论认为外部环境越稳定，内部结构越正规；而种群生态学家认为是外部条件使组织处于特定的活动范围内，要么组织适应环境变化改变自己，要么被"淘汰"，而"淘汰"就是战略选择，让组织脱离于组织及其领导之外，而处于环境之中；"铁笼子"观点是由那些被称为"社会制度理论家"的人提出的，他们认为由环境所施加的政治及意识形态压力虽然减少了战略选择，但并未完全消除这种选择，此时环境变成了"铁笼子"。Porter 认为很多企业忽视了运营效益（Operational Effectiveness）和战略的差别。虽然二者都是企业实现卓越绩效的关键因素，但是运营效益更加关注运营活动的有效性，战略定位则意味着企业的运营活动有别于竞争对手，或者虽然类似，但是其实施方式有别于竞争对手。在 Porter 看来，运营效益无法替代战略，运营效益代替战略的最终结果必然是零和竞争

（Zero-sum Competition）、一成不变或不断下跌的价格，以及不断上升的成本压力。明茨伯格评价指出，"环境"因素也或多或少地存在于其他学派中，如定位学派，在定位学派中，环境体现为一种经济力量群，代表行业、竞争和市场。在认识学派的一个分支中，对偏见和歪曲的强调，也反映了环境的影响，而学习学派也强调了环境的复杂性。但在前述的战略学派中，战略家始终处于至高无上的地位，无论他是什么人——个人或集体，合作或冲突。但在环境学派中，环境和领导及组织一起被列为战略形成过程中的三个中心力量，并且领导和组织从属于外部环境，环境居于支配地位。关注对环境的责任：主要包括维护环境质量，使用清洁能源，共同应对气候变化和保护生物多样性等；关注对社会发展的广义贡献：主要指广义的对社会和经济福利的贡献，比如传播国际标准、向贫困社区提供要素产品和服务，如水、能源、医药、教育和信息技术等，这些贡献在某些行业可能成为企业核心战略的一部分，成为企业社会投资、慈善或者社区服务行动的一部分。环境作为一种综合力量向组织展现自身，是战略形成过程中的中心角色；组织必须适应这些力量，否则便被淘汰；领导变成了一种被动因素，负责观察了解环境并使组织与之相适应；组织群集在原来所处的独特的生态学意义的活动范围内，直到资源变得稀少或条件恶化，而最终消亡。

20世纪80年代以来，我国的环境压力日益增大。一种观点认为，我国应该适当放慢经济增长速度，以便减轻环境污染。实际上，经济增长与环境保护之间存在一种辩证关系。发展才是硬道理，近几年的实践表明，在工业化中期阶段，保持经济适度快速增长是环境保护的基础。因为环境保护需要投入大量人力、物力和财力，没有经济的快速增长，没有财政能力的不断提高，环境治理就没有资金投入支撑，难以实现环境保护的目标。经济快速增长，环境压力加大，对环保产业产生巨大需求；反过来，环境保护的需求又拉动环保产业的发展，促进经济增长。正是由于经济增长与环境保护之间的互动，形成了工业化时期经济高速增长的动力之一。

经济增长速度过低会使我国社会面临更大的就业压力，不利于通过经济增量分配的调整缩小收入差距和地区差距。通过抑制经济增长的办法来保护环境，是一种消极被动的思想，不符合科学发展观的需求。因此，应该采取一种积极的态度，通过经济体制改革和环境保护制度创新，促进技术进步，转变经济增长方式，实现清洁生产，在经济增长的过程中，降低能源消耗强度，减少污染和温室气体排放。要把加快环保产业发展作为推动经济增长的重要动力。我国面临的国际国内形势出现了许多新情况、新变化。美国次贷危机发生后，世界经济增长放缓，美元贬值导致人民币升值，石油、粮食价格持续高涨，全世界面临较大的通货膨胀压力。这些因素的综合影响，使中国经济在 2008 年放慢了增长速度。2007 年，中国 GDP 增长了 11.9%，连续 5 年增速在 10%~12%。2008 年上半年，GDP 同比增长了 10.4%，增幅较 2007 年同期放慢了 1.1%。2008 年 7 月以后，经济增长速度仍然呈现减速态势，全年 GDP 增长速度在 10% 左右。虽然这个速度并不低，但较 2007 年有较大幅度下降。国际经济增长放缓、原材料和能源涨价、工资上升、人民币升值等多重因素，使我国出口型中小企业面临严峻的成本上涨和市场竞争压力，2008 年上半年，全国有约 6.7 万个中小企业倒闭。我们要理顺资源性产品的价格，促进能源和其他资源的节约。所有污染都是消耗资源和能源引起的。节约资源和能源消费会从根源上减少污染物产生。从经济学角度看，价格作为供需之间的杠杆，对消费具有十分重要的影响。由于各种矿物资源和石化能源资源越来越少，提高资源和能源价格有利于减少消费和提高资源与能源利用效率，有利于节能减排，保护环境，减少温室气体排放。在这样的大背景下，政府应该加大环境保护投入力度，以便增加内需，把环境保护作为经济发展的重要动力，通过发展环保产业，拉动经济增长。进入 21 世纪以来，我国的财政收支增长速度持续大大快于 GDP 增长速度。我国有能力加大财政对环境保护的投入力度，通过发展环保产业拉动内需。因此，改善环境，增加对环境的供给，把环境保护作为经济增长的重要动力，是政府公共政策的重要组成部分。

二、资源学派

资源学派将公司的内部分析（能力学派的分析）与产业竞争环境的外部分析（结构学派的分析）结合起来，从结构学派到能力学派再到资源学派，企业竞争战略理论经历了一个否定之否定的发展过程，从而在上述两种研究方法之间架起一座桥梁。从 1984 年沃纳菲尔特在美国的《战略管理杂志》上发表了《企业资源学说》一文，从此对企业持续竞争优势的研究开始分化为两个相对独立又互为补充的学派。从某种意义上说，资源学派是竞争战略理论的集大成者。强调资源问题的重要性，是资源学派的理论出发点和基础。

资源学派认为企业战略优势是建立在企业所拥有的一系列特殊资源及资源的使用方式上的。资源学派是竞争战略的综合理论分析框架，以 B. 沃纳菲尔特（B. Wernerfelt）、大卫·J. 柯林斯（David J. Collis）、塞西尔·A. 蒙哥马利（Cynthin A. Montgomery）等为主要代表的资源学派，是目前最为流行、主导企业竞争力理论论著基调的主流学派。企业的资源和能力是企业竞争优势的主要来源，企业的战略更加依赖于企业有别于其他竞争对手的核心能力。

Porter（1996）认为，企业通过有效的战略活动可以实现企业的竞争优势。核心能力的理论有一定的局限性，该理论只解释了核心能力是企业长期竞争优势资源（企业能力差异决定战略的差异进而决定了企业竞争力的差异），并未给出识别核心能力的方法。由于能力自身的特征决定了企业能力具有强烈的惯性，在资源差异能够产生收益差异的假定下，该学派认为企业的内部有形资源、无形资源及积累的知识，在企业间存在差异，资源优势会产生企业竞争优势，企业具有的价值性、稀缺性、不可复制性及以低于价值的价格获取的资源是企业获得持续竞争优势及成功的关键因素，企业竞争力就是那些特殊的资源。在动态复杂的环境中，企业的特殊能力（Selznick，1957）或者核心能力（C. K. Prahalad 和 Gary Hamel，1990）都很难保证企业获得持久的竞争优势。伴随世界经济一体化的发展趋势和国际经济结构调整的历史机遇，我国对外开放将进入一个新的阶段。

资源学派主要著作及代表人物有：《企业资源学说》（沃纳菲尔特，1984 年）、《企业战略理论》（罗特尔曼，1984 年）、《知识和能力作为战略资产》（温特，1987 年）、《战略管理和经济学》（罗特尔曼和提斯，1991 年）、《竞争优势的奠基石：一种资源观》（皮特瑞夫，1993 年）等。党的十七大报告指出，要拓展对外开放的广度和深度，提高开放型经济水平；要坚持对外开放的基本国策，把"引进来"和"走出去"更好结合起来，扩大开放领域，优化开放结构，提高开放质量，完善内外联动、互利共赢、安全高效的开放型经济体系，形成经济全球化条件下参与国际经济合作和竞争新优势。同时也提出，要积极开展国际能源资源互利合作。对于资源所包含内容的不同理解又形成了不同的资源观，以至于对企业竞争力的理解也不完全相同。潘汉尔德把企业竞争力描述为："组织中的积累性学识，特别是关于如何协调不同的生产技能和有机结合多种技术流派的学识。"在这一定义中，协调与有机结合的学识是主要资源，能力与知识都被视为资源，能力与知识之间似乎并无太大的区别。20 世纪 90 年代以来，国际、国内经济形势发生了一系列重大变化。这些变化引起了我们对中国企业"走出去"问题的思考。美国学者巴尼也认为，企业的资源还有人力资本及组织资本的正式与非正式资源，能力与知识显然都被当作同一类事物。另外，还有一种资源观是纳入社会资本，为企业提供收益。首先是经济全球化迅猛发展，我国企业面临新的机遇和挑战。资金、人才、高新技术、信息等生产要素在全球范围内的流动日益频繁，进而促进了世界资源的重新配置和整个社会福利水平的提高。各种资源在全球范围内的可获性大大提高，各国经济发展对本国资源的依赖程度进一步降低。其次是自然资源短缺问题成为制约当代中国经济发展的瓶颈。当前我国处于重化工业阶段，消费结构升级带动固定资产投资快速增长，资源消耗量很大，资源稀缺问题更加突出。因此，实施"走出去"战略，投资海外矿产，就成为国内企业的必然选择。我国应统筹国内发展和对外开放，坚持互利共赢的对外开放战略，全面提高开放型经济水平。国家鼓励具有实力的中国企业"走出去"，参与国际经济合作，为企业发展拓展新的市场领域。尤其是钢铁、有色等资源型企业到海外投资矿产，参与世界经济结构调整，是当前我国经济发展的需要，也是经济发展的趋势。

三、战略联盟

战略联盟为公司提供了除传统发展和购买以外的第三种方式来发展企业核心技术。战略联盟的特点决定了联盟各方处于一种竞合状态，为了维护和争夺企业在联盟中的地位，联盟各方都会尽力地进行技术创新和二次研发；同时，联盟内还可以利用资源共享的优势，提高企业新技术创新成功的概率，不断地创造出新技术的附加价值和延伸价值，维持新技术及联盟在市场上的领先地位。而在纵向联盟中，企业可以互补核心能力，利用协调效应来强化双方企业的竞争优势。不同行业的企业之间建立的联盟关系还可能促进企业之间核心能力的融合，使企业形成新技能，向多元化方向发展。动态复杂的外部环境使技术领域存在较高的不确定性风险，一旦企业没有把握住机遇，则很可能被市场所淘汰；同时，对新技术投入可能带来很高的沉没成本和退出障碍。战略联盟通过资源共享和风险共担降低了企业新技术投资的沉没成本，提高了企业对市场不确定性反应的速度和灵活性。企业的核心技能更多地是建立在企业拥有的经验型知识基础上的，这种经验型知识存在于组织程序与文化中，很难通过简单的合同实现传递，其转移是一个复杂的学习过程，因此组织学习的过程也是知识资源转移的过程。企业若要不断适应动态的环境就要不断地学习。

全球竞争的加剧导致各国企业间以外购协议、联合研发及物流供应合作等各种形式形成的跨国合作日益增多。起初，企业间形成这种合作关系仅仅是为了进入新的市场，并且要按照当地政府的要求采取特别的措施对其进行管理。但是，随着时间的推移，这些企业间相互关系的根本性质逐渐发生了改变。它们不断加深现有的合作关系，从而形成更多的新型联盟。联盟双方长期相互依赖，持续投资开发新的产品和技术，并且分享管理控制权。这种新型的战略联盟已经成为参与联盟各方整体竞争战略中不可或缺的一部分。此外，这种联盟关系还经常跨越国界，出现在处于同一行业的竞争对手或完全不相干的行业的企业之间。诸如福特—马自达、耐克—日商岩井、东芝—摩托罗拉、IBM—联想。联盟管理实际上是一个非常具有创造性的活动，它需要对公司的价值链进行重新审视，在营销、技术和分销领域不断创新，并且培养组织的灵活性。因此，这种新型的战略联盟为企业提出了一系列挑战，包括需要企业开发新的管理技能。技术研发的复杂性及联盟自身的不稳定性导致了技术学习研发过程中联盟的高失败率。

在企业层面，传统理论认为互惠依赖、相互适应、适应能力决定了技术联盟成功与否。在此基础之上，Sivadas 和 F. Robert Dwyer（2000）从组织理论和战略管理理论出发，从信任、交流、协作三个方面提出了合作能力，并将其作为组织变量与新产品开发成功的中间变量。

第二节　有关加工贸易的文献回顾

根据大卫·李嘉图关于国际贸易分工的定义，加工贸易是指东道国免税从国外进口中间产品、进行加工并最终再出口的一种生产与贸易活动。加工贸易是我国参与国际分工的主要形式之一，我国对外贸易的重要组成部分，同时也是承接新一轮全球生产要素优化重组和产业转移的主要形式。改革开放以来，加工贸易企业在我国的扩大出口、引用外资、促进产业结构调整和升级、增加就业、保持外汇平衡等方面发挥了重要作用。

一、加工贸易概念

按照 Feenstra 和 Hanson（2002）的解释，在加工贸易过程中，新兴工业化国家和地区应着力发展技术密集型产业，发展中国家主要从事劳动密集型产业和一般的技术型产业。国际产业结构不断向高级化发展，促进了发达国家和新兴工业化国家与地区的低端产业加速对外转移，从而为我国加工贸易发展提供了广阔的发展空间。通常所说的"三来一补"是指来料加工、来件装配、来样加工和中小型补偿贸易。沿着全球价值链两端攀升与跳跃，实现加工贸易功能升级。功能升级是指企业逐步调整嵌入价值链的位置与组织方式，通过拥有该行业价值链的"战略性环节"，最终获得该行业价值链上的统治权。其中来样加工属于一般出口贸易，不在加工贸易的范围内。来料加工和来件装配统称为加工装配。在"三来一补"中去掉来样加工，加上进料加工，就是加工贸易的主要内容了。

我国的加工贸易是伴随改革开放的不断深化而发展的，党的十七大明确提出："继续发展加工贸易"，为加工贸易的进一步发展明确了方向，也标志着我国加工贸易转型升级的开始。可以把参与全球加工贸易的企业主体分为领导厂商和当地供应商两类。领导厂商处于网络的核心位置，主要从事全球价值链中的高附加值环节，其竞争优势主要来源于对关键资源的控制、创新能力及协调不同节点之间交易和知识交流的能力。加工贸易转型升级有以下内在机制：一是市场对要素的配置作用是加工贸易转型升级的基本机制——国际市场竞争决定加工贸易技术投入比重和企业主体结构、国际市场需求决定加工贸易产品结构、国内市场供求决定国内配套能力和产业链构成。二是国际产业转移和技术转移是加工贸易转型升级的外在动力机制。三是国内产业发展和技术吸收是加工贸易转型升级的内生动力机制。加工贸易是在经济全球化背景下推进工业化的一条新道路。当地供应商可进一步分为高层级供应商与低层级供应商两类，前者直接与领导厂商进行交易，一般拥有自主性技术，同时建立了自己的小型全球生产网络，除核心和战略性营销活动被领导厂商控制外，一般能够承担所有的价值链环节，很少与领导厂商打交道，后者直接与前者进行交易，其竞争优势主要来自低成本及交货的灵活性和速度。制约发展中国家工业化的两大因素，一是资金，二是外汇。而加工贸易的发展，可以引进外资，弥补资金缺口，更重要的是，加工贸易大大增强了我国出口创汇能力。加工贸易一直保持顺差，而且顺差持续扩大，为我国引进工业化所需的原材料、先进设备与技术提供了宝贵的外汇。一部分从事 OEM 的加工贸易企业通过"组织演替"和"干中学"不断积累整体资源能力和经验后，逐步转变为主要依靠自身研究开发成果，成为集设计、制造、经营于一体的技术密集型企业，实现企业功能性升级。而且侧重渠道和品牌建设，致力于创品牌，从 OEM 或 OEM 与 ODM 相结合演进成 OBM。截至 2011 年 10 月，我国外汇储备超过 3.2 万亿美元，雄踞全球第一，加工贸易功不可没。Humphrey 和 Schmitz（2002）提出企业价值链升级的四个步骤：一是流程升级，即通过重新组织生产系统和引进高新技术，使生产更有效率，在渠道和品牌建设上，加工贸易企业可建立具有国际市场竞争力的自主品牌；也可"借道"他人渠道和网络向全球推广品牌和产品；建立品牌战略联盟"合伙"进军国际市场。二是产品升级，即实现成熟的生产线。三是功能升级，即获得链上更好的功能（或者放弃原有的功能）以增加附加值高的部门的生产力。四是跨部门升级，即集群企业转向提升新的效率更高的生产能力。关于企业生产控制方式中的权利及其权利之间的配置问题，最早从加工贸易企业生产控制方式的角度进行研究的是美国学者芬斯阙和汉森 2005 年发表的《对华外包中的所有权与控制权：对公司产权理论的评价》。20 世纪 90 年代以来，全球产业结构开始了新一轮调整，主要表现为：发达国家和新兴工业化国家和地区的第一产业和第二产业在 GDP 中的比重趋于下降，第三产业在 GDP 中的地位和作用日益增强，发达国家重点发展技术密集型和信息密集型服务业，以适应"新经济"时代人们对知识型服务业日益增长的需求。此外，加工贸易在引进新产品、对本地企业的技术外溢、提高本地劳动力素质以适应工业化进程的要求等多个方面，均发挥了不可替代的积极作用。他们主要从事全球价值链中的一些低附加值部分。随着全球生产网络的形成与发展，价值链环节在全球范围内实现了分解与重新配置，网络内的分工

（产业或产品内不同价值链环节的分工）逐渐代替产业间分工成为国际分工的主导。我国沿海地区之所以脱颖而出，经济得到快速发展，主要得益于发展出口导向型的加工贸易。由此不难发现，我国加工贸易企业依据全球价值链的升级轨迹都是从 OEA 或是 OEM 开始最终实现 OBM。对于市场拓展能力较强的企业，可能会开始于 OEA，到 OEM，再到 GLC 模式，加工贸易是过去 30 年我国对外开放战略的重要组成部分。它为对外开放战略的成功实施发挥了不可替代的作用。

从广义上说，加工贸易是指为生产和提供最终产品与服务而形成的一系列企业关系，这种关系将分布于世界各地的价值链环节连接起来，从而构成了全球价值链或全球商品链。国际金融危机的爆发，使中国加工贸易自身存在的问题更加突出，给中国加工贸易的转型升级提出了新的挑战。对于技术能力相对较强的加工贸易企业，首先从发展技术能力开始，从OEA 逐渐发展到 ODM，待自行设计能力达到一定水平以后再提高市场开拓能力，最终实现 OBM。我们对 1000 多份有效问卷进行统计和计量，对影响我国加工贸易生产控制模式的因素进行分析，结果表明，企业所在行业的技术水平、主要产品的标准化程度和通用性程度、企业规模和对劳动力的培训程度是主要影响因素。

企业生命周期理论最早由陈佳贵研究员在《关于企业生命周期与企业蜕变的探讨》中提出："企业发展和企业管理的实践越来越证明这是一个十分重要的问题。企业的生命周期与企业的成长类型企业的生命周期，是指企业诞生、成长、壮大、衰退，直至死亡的过程。根据对企业成长的考察，企业有不同的成长类型，各成长类型在生命周期的各个成长阶段的特点也有所不同。"正确的政策指导目标应该是生产结构高级化和提高出口产品的附加值。

二、制约我国加工贸易转型升级的因素分析

进入 21 世纪后，随着劳动力成本不断上升、鼓励型加工贸易政策的调整及一些外部条件变化，我国的加工贸易优势正在不断弱化，面临转型升级压力。1980~2007 年，中国加工贸易顺差累计达到10896.7 亿美元，成为经常项目顺差的主要来源，使我国与欧美之间的贸易摩擦加剧，也令人民币面临日益增加的升值压力。陶涛（2009）指出，20 世纪 80 年代以来，由于新贸易保护主义的盛行，中国企业频繁遭遇反倾销、反补贴、各种保障措施及技术、环境、劳工等贸易壁垒的限制，拓展国际市场的难度增加，加工贸易的外部环境严重恶化。于群（2008）对加工贸易在国际环境中所面临的挑战问题上进一步指出，首先，发达国家垄断了高技术产业的加工贸易；其次，国内的生产能力严重过剩，导致了在国际市场中的价格持续低迷；再次，区域内贸易额占本区域对外贸易额的比重越来越大；最后，国内市场被外国产品占领的份额明显提高。这些因素限制了我国加工贸易转型升级的发展。此外，自 2008 年受国际金融危机的影响，美国、欧盟等主要发达国家和地区的需求开始萎缩，居民的消费意愿和支付能力开始下降，对未来的经济前景不乐观等因素造成了这些发达国家和地区为了保护国内产业的发展，贸易保护主义不断抬头，对我国的进口需求开始减少，尤其是我国低附加值的加工贸易的出口大受影响。

劳动力供过于求且廉价是不利于我国加工贸易转型升级的一大问题。潘悦（2002）认为制约加工贸易转型升级的首要体制问题是国有企业机制僵化、市场适应力差，没有成为加工贸易的主导力量；而民营企业则因许多条件尚未成熟，使外资企业成为加工贸易的主体。进而使加工贸易的多数利益和加工贸易进程的主动权始终掌握在外资企业手中，阻碍国内企业

的成长和发展。李亚（2008）指出，外资企业在加工贸易中的比重过大也是制约转型升级的因素之一。外资企业具有漂移性，随着我国东南沿海地区投资成本的上升，一些外资企业有向越南等国转移的迹象。另外，在华从事加工贸易的外资企业是跨国公司的子公司，由于它的研发主导权不在本土企业，因此难以开展自主研发，更难以形成自主品牌，而加工贸易要从 OEM 到 ODM 再到 OBM，要进行研发，形成自主品牌，这是转型升级的一个方向。

根据重庆市劳动力资源统计状况，2011 年 5 月重庆有户籍人口 3275.61 万人，较 2000 年和 2005 年分别增加 184.52 万人和 106.45 万人，户籍人口继续保持增长态势。市内常住人口 2859 万人，较 2000 年和 2005 年分别增加 32.7 万人和 61 万人，从趋势上看，常住人口在 2006 年出现拐点，由净减少变为净增加。经济活动人口 1781 万人，较 2000 年和 2005 年分别增加 75.85 万人和 119.33 万人。2009 年，根据重庆市统计局 1% 人口抽样调查资料测算，重庆劳动力资源总量为 2307.61 万人，比 2000 年的 2146.02 万人增加了 161.59 万人；劳动力资源占常住人口比重由 2000 年的 75.3% 增加到 2009 年的 80.7%。出现了外出市外人口增长缓慢、外来人口增长加快的趋势，就业人员数量稳步增加。

此外，加工贸易中本土化程度不高也是转型升级的一个限制因素。根据海关数据，在 2006 年我国加工贸易额中，无论是加工贸易出口还是加工贸易进口，内资企业只占 15% 左右，其中私营企业更低。在进料加工贸易额中三资企业占 91.9% 以上，内资企业不足 10%，其中私营企业只占 2.1%。高新技术产品"以加工贸易为主要方式、以外资为主体"的局面一直没有改变。

三、加工贸易转型升级的途径研究

加工贸易成为推动我国对外贸易和宏观经济持续快速增长的主要支撑力量。王子先等（2004）指出，面对国内外新形势，我国应努力克服自身存在的问题，适时引导加工贸易落地生根和转型升级，加快我国走新型工业化道路步伐。丁永健（2010）在《面向全球产业价值链的中国制造业升级》一书中指出，制造业是我国的支柱产业，实现制造业的升级一直以来是我国经济的热点问题。制造业升级通常包括两个方面内容：一是制造业产业结构的改善，也称为产业间升级；二是现阶段，我国加工贸易首先要做的是要遵循 OEA（进口产品组装）→OEM（原始装备制造）→ ODM（自行设计制造）→ OBM（自有品牌制造）的功能升级的路线，同时在此基础上逐步地实现跨部门的升级，即从某一产业链条转换到另一产业链条的升级。如果固守在价值链的低端，贸易量的扩大并不能带来增值收益的增加，会陷入加工贸易"微笑贫困陷阱"。

国际产业链可以分为研发与设计、生产制造、全球营销三个阶段，附加值呈现两头高、中间低，大体呈"U"形，俗称"微笑曲线"。目前，我国加工贸易在国际产业价值链上主要承接最终产品的组装和低端零部件的配套生产，其特点是劳动密集度高、技术含量和增值率低。而其核心技术、品牌控制、产品设计、软件支持、关键零部件配套、关键设备和模具、销售渠道等高端环节仍然受制于国外。刘志彪（2009）在《长三角制造业向产业链高端攀升路径与机制》一书中认为，从国际化程度来看，中国经济在高速发展的同时，已经出现了"依赖型"经济的趋势，主要表现在以下几个方面：第一，对加工贸易的高度依赖；第二，对引进外资的高度依赖；第三，对国外原材料和装备进口的高度依赖；第四，对国际大买家的高度依赖。这种"依赖型经济"很容易陷入拉美国家曾经出现过的"贫困化增长"（Immiserising Growth）的陷阱，在全球价值链中被走高端道路（High Road）的先进国家所俘获，由此导致市场势力较弱，被长期锁定在产业链的低端，形成一种低端道路（Low Road）的路径依赖。其产业升级的任何实质性的努力，都会遭到来自高端企业的阻碍，从而只能长期维持粗放的增长模式。秦苒（2008）建议有关部门制定科学的产业政策，可以考虑在新产品试制费、新产品开发费、外贸发展基金中单列鼓励加工贸易发展本地化。

通过上述文献的回顾，发现国内对加工贸易转型升级的研究大多为理论介绍，没有从多角度、更深层次地去量化加工贸易转型升级后的效果。保持我国对外贸易持续稳定地发展，加工贸易的转型升级是一个长期战略。同时，我们不应将加工贸易的转型升级简单地归结为产业结构升级，而应围绕转型升级内涵的五个领域全方位升级。我国政府也应围绕加工贸易转型升级的方向制定长远发展规划，通过优惠的政策措施及不断完善的监管方式，为加工贸易的转型升级创造良好的外部环境。

第二章 加工贸易企业转型升级的环境分析

第一节 加工贸易在我国对外贸易中的地位

改革开放以来，我国综合国力明显增强，经济持续快速增长，国内生产总值年均增速接近 10%，经济效益明显提高，区域发展协调性增强，自主创新能力得到较大提高，能源、交通、通信等基础设施和重点工程建设成效显著，人民生活日益改善。

2010 年，面对复杂多变的国内外经济环境，国家坚持实施并不断丰富完善应对国际金融危机冲击的"一揽子"计划，加快转变经济发展方式，加强和改善宏观调控，发挥市场机制作用，经济社会发展的良好势头进一步巩固。经济保持平稳较快增长，产业结构调整步伐加快，通胀预期管理得到加强，改革开放不断深化，改善民生成效显著。中国经济运行呈现出增长速度较快、结构逐步优化、就业不断增加、改革开放进一步深化和扩大的良好态势。

2011 年以来，我国对外贸易继续保持稳定增长，贸易平衡状况进一步改善。根据海关统计，2011 年 1～7 月，我国外贸进出口总值 20225.5 亿美元，同比增长 25.1%。其中，出口 10493.8 亿美元，同比增长 23.4%；进口 9731.7 亿美元，同比增长 26.9%；顺差 762.1 亿美元，同比下降 8.7%。目前，我国是世界第一大出口国，第二大进口国。我国外贸的健康发展为经济转型升级做出了积极贡献。吸收外商直接投资是我国对外开放基本国策的重要内容。我国坚持积极有效吸收外资，不断调整和完善外商投资的环境。加工贸易作为一种利用外资的有效方式，发挥了积极作用。

"十一五"时期，我国的贸易大国地位进一步巩固，2010 年出口额达到 15779 亿美元，占全球份额由 7.3% 提升到 10%；吸收外商直接投资首次突破 1000 亿美元，达到 1057.4 亿美元；非金融类的对外直接投资截至 2010 年底累计达到 2600 亿美元，分布在 177 个国家和地区，境外资产总额超过万亿美元。对外贸易的超常规、跨越式发展，使我国迅速融入了国际产业分工大格局，带动我国经济总量跃居世界第二位。30 多年来，我国外贸发展取得了巨大成就，为国民经济长期平稳较快发展做出了重要贡献，为进一步深化改革、提高开放水平奠定了坚实基础。在快速发展的同时，外贸发展方式出现以下四个特点：

一是贸易结构不断优化。"十一五"时期，机电产品和高新技术产品出口比重分别从 76.6%、48.2% 提高到 79.4%、52.4%，高耗能、高污染、资源性产品出口得到有效控制；进料加工出口占比从 81.5% 提高到 84.8%；海关特殊监管区内加工贸易占比从 10.9% 提高到 17.5%；对欧美日以外的市场出口比重由 48.7% 提高到 54.3%。服务贸易进出口屡创历史新高，新兴服务业态不断涌现。例如，江苏省拥有 3 个国家级服务外包示范城市，苏南国际服务外包产业带初具规模。

二是区域开放格局更加平衡。"十一五"时期，中西部地区外贸发展速度明显加快，对外贸易占全国比重由 2005 年的 7.4% 提高到 2010 年的 9.9%。河南省 2010 年进出口额是 2005 年的 2.33 倍；四川省从"十五"时代末的几十亿美元增长到"十一五"时期末的近 330 亿美元；重庆市"十一五"时期的外贸进出口是"十五"时期的 3.1 倍，2010 年全市进出口同比增长 61.1%，2010 年 1~11 月外贸进出口总值 104.7 亿美元，2011 年 1~4 月外贸进出口总值 56.2 亿美元，同比增长 74.9%。2010 年重庆市加工贸易进出口创历史新高，达到 15.86 亿美元，同比增长 222.5%，占外贸进出口比重为 12.77%，同比提高了 3.53 个百分点。

三是利用外资质量逐步提高。在不断扩大外资规模的基础上，利用外资的质量和效益得到重视和提升。江苏省提出招商选资、招才引智的理念，2010 年全省第三产业利用外资增幅高于第二产业 15.3 个百分点，其中租赁和商务服务、居民服务、科研和技术服务等行业同比增长均超过 70%。上海市 2010 年实际利用外资 111.21 亿美元，服务业占比达到 79.4%，全球财富 500 强企业累计已有 74 家在沪设立了地区总部。

四是对外投资步伐加快。2002~2010 年，全国非金融类的对外直接投资由 27 亿美元增至 590 亿美元。广东省"十一五"时期在境外设立企业 1364 家，协议投资额 84.5 亿美元，分别是"十五"时期的 2.4 倍和 4.1 倍。

第二节　基于宏观、中观和微观三个层面分析

一、宏观层面：政策平台的构建

（一）存在的问题

1. 贸易顺差过于集中，国际收支持续不平衡

在长期出口导向型战略引导下，1990~2010 年，我国保持了长达近 20 年的国际收支"双顺差"。1990~2004 年，外贸顺差基本平稳，年均增长 9.7%。此后，随着国际产业转移形成的制造能力逐步投产，顺差规模急剧扩大，2005~2008 年，外贸顺差年均增速达到 42.6%。"十一五"期间，年均顺差 2238 亿美元，而且在贸易对象、产品种类和贸易形式上过于集中。2010 年，我国对美国和欧盟合计顺差是全部顺差的 1.8 倍，机电、鞋帽、箱包皮革等六大类产品上的顺差是全部顺差的 2.9 倍，加工贸易顺差是全部顺差的 1.8 倍。受国际收支不平衡影响，我国外汇储备持续大幅度增长，不但增加了宏观调控的难度，而且容易引发贸易纠纷，使我国与欧、美等发达国家，甚至不少发展中国家的贸易摩擦不断加剧，在国际谈判中的压力与日俱增。与我国外贸逆差超过 1 亿美元的发展中国家多达 90 多个，其中有 40 多个国家从我国的进口超过对我国出口的三倍。巨额外贸顺差从根本上讲是国际产业转移的结果，但也与我国生产要素价格低、给外资多种优惠政策是分不开的，商品净出口实际上是在输出国内的资源，在一定程度上会造成本国国民的福利损失，这种不平衡格局长期是不可持续的。

2. "重出口、轻进口，重引资、轻转型"的思想观念尚未根本扭转

"十二五"规划提出，"我国对外开放由出口和吸收外资为主转向进口和出口、吸收外资和对外投资并重"，这是外贸领域指导思想的一次重大转变。但在具体工作中，一些地方在认识上还没有切实转变过来，传统的鼓励出口创汇和招商引资思想仍然根深蒂固，主要精力仍然放在数量扩张上。有的地方仍下达进出口及利用外资考核指标，仍主要靠低地价和税收返还等政策吸引外资，对提高利用外资质量、扩大进口和对外投资重视不够。

（二）对策思路

应实施基于行业、价值链环节和模块的混合型加工贸易政策，这样更符合加工贸易转型升级的内涵。

1. 贯彻落实"十二五"规划纲要对转变外贸发展方式的要求

促进国际收支平衡不能靠压缩出口，而是要在稳定外需的基础上，依靠扩大进口和对外投资来实现。"十二五"时期，我国对外开放将努力实现由出口和吸收外资为主，向进口和出口、吸收外资和对外投资并重转变，这对对外经贸工作提出了更高的要求。实现这个转变，要从出口导向和积极招商引资战略转为统筹利用国际、国内两种资源、两个市场，主动适应国内外市场需求变化，着力培育自主品牌，提高创新能力，加快产业结构优化升级，推动外贸从成本优势向综合竞争优势转变，从规模扩张向质量效益提高转变。建议国家加强对转变外贸发展方式的总体设计和统筹规划，尽快制定出台系统性工作方案，进一步明确有关目标、途径和阶段性任务，研究制定和完善针对性强、可操作的配套政策，特别是要把贸易、投资、产业及财税、金融、海关等多方面政策有机衔接起来，加强部门间的协调配合，形成推动合力。从调研情况看，要进一步规范招商引资行为，除运用正常的优惠政策以外，禁止采取零地价、运费补贴、降低环保门槛等办

法来招商引资。

2. 稳定和完善外贸政策，进一步优化外贸环境

当前国际经贸形势复杂多变，企业压力很大，希望有一个相对稳定的政策环境，特别是大的政策导向不能频繁调整。近年来，我国有些外贸政策承担了较多的宏观调控功能，很多企业反映经常要忙于应对政策调整带来的生产经营压力，缺乏稳定的政策预期。以出口退税政策为例，2008年8月到2010年7月两年间，退税率大规模调整了8次，涉及大多数出口货物，让有些企业无所适从。应该保持出口退税政策基本稳定，不宜频繁调整退税率。目前我国出口退税率有七档，大多数货物出口退税率低于其征税率，这不符合国际通行的"出口退税中性原则"。要尽快提高出口退税法律级次，制定颁布《出口退（免）税条例》，进一步简化税制，减少退税率档次，简化退税手续，努力实现应退尽退。同时，在保持外贸政策总体稳定的基础上，要继续完善信用保险、加工贸易、贸易便利化等方面的政策，不断优化外贸环境。要大力清理取消对外贸企业的不合理收费，减轻企业负担，提高贸易效率。加强与贸易发展相适应的知识产权法制建设，逐步建立完善对外贸易领域的知识产权管理体制、海外维权的机制和争端解决机制，为企业争取更多的主动权。研究采取切实措施，重点提高我国参与国际规则制定的话语权及重要商品贸易的议价权。

3. 积极扩大进口，建立健全进口促进政策体系

尽快转变奖出限入的传统外贸发展观念，立足国内需求、以我为主，积极扩大重要能源原材料、先进技术、关键零部件等国内短缺商品的进口。发挥好我国作为贸易大国扩大进口的优势，增加对欧、美、日等主要经济体和与我国存在较多贸易逆差的发展中国家的进口，拓展多元化的进口渠道，平衡贸易收支，减少贸易摩擦。从奖励出口到鼓励进口，原有的相关

政策体系需要做出及时调整，有关部门应尽快着手建立健全综合配套的进口促进政策体系，如建立重点商品进口协调机制、适时推出进口信用保险、放宽重点产品进口资质等。目前海关、质检等部门对出口实行高效便捷的"一站式"服务，多采用每周 7 天、每天 24 小时的"全天候"预约通关，而进口便利化程度还有很大的提升空间。要进一步加快便利进口的基础设施建设，通过强化服务来进一步提高进口便利化水平。随着居民收入和生活水平的提高，消费结构逐步升级，应该顺应这种趋势，适当降低高档消费品关税和消费税税率，扩大这类商品进口，改变其国内外价差过大、消费者集中出国采购的现状。

二、中观层面：行业环境的培育

（一）存在的问题

1. 服务贸易总体水平偏低，服务外包产业发展滞后

与货物贸易相比，我国服务贸易发展仍相对滞后，服务出口额占我国外贸出口总额的比重一直在 10% 以下，占全球服务贸易总额的比重仅为 5% 左右。过去 10 多年我国服务贸易项下始终是逆差，逆差额从 2001 年的 59 亿美元逐步增加到 2010 年的 219 亿美元，总体上呈递增态势。逆差主要集中在运输业、保险业、金融业和专利使用等方面，我国在这些领域起步晚，竞争力弱，还不具备竞争优势。同时，服务贸易在国内发展很不平衡，2010 年上海服务贸易进出口额占全国比重接近 1/3，而有的地区几乎没有服务贸易。服务贸易发展滞后与我国服务业比重低有关。受基础设施不够完善、人才储备及政策支持不足等因素制约，我国服务业发展仍不能适应转变经济发展方式的需要，特别是具有一定优势的服务外包产业发展潜力尚待挖掘。

2. 对外投资的规模和质量亟待提高，"走出去"面临较多困难

总体来看，我国对外投资规模仍然偏小，企业"走出去"还处于起步阶段，对外投资的存量居全球第15位，与我国整体经济实力还不相称。企业在"走出去"的过程中还面临诸多困难，国际化专业人才缺乏，跨国经营经验不足，应对突发事件、市场变化、汇率波动等风险的能力亟待提高，我国支持对外投资的金融信贷、出口信用保险等政策，还没有发挥应有的促进作用。而且，随着我国经济实力增强和对外投资规模扩张，国际上对我国企业特别是国有企业正常投资活动的疑虑日渐增多，面临的限制性措施不断增加。例如，美国通过了《外国投资和国家安全法》，要求美国外国投资委员会加强对来自外国国有企业的收购进行国家安全审查。在已开展的对外投资中国有企业较多，民营企业存在审批环节多、抗风险能力弱等问题。

（二）对策思路

1. 应坚持创新驱动，大力实施品牌兴贸战略，培育外贸竞争新优势

采取切实措施扩大具有自主知识产权、自主品牌和高附加值的产品出口。把提高自主创新能力作为形成外贸竞争新优势的重要途径，鼓励外贸企业更多地开展引进消化吸收再创新，加大对外贸企业核心技术和专利的保护力度。加强针对外贸企业的技术创新公共服务平台建设，引导企业加大创新投入，实施关键技术攻关和技术改造，着力培育一批具有自主知识产权的科技型、创新型外贸企业。鼓励企业开展品牌收购和商标注册，在研发、营销、市场开拓等方面给外贸企业更多和更大力度的政策支持。在一些地区确定一批已经具备良好基础的品牌，重点加以扶持。重视对出口品牌的保护，加大对出口知名品牌的宣传力度。政府相关部门与行业协会及国外专业机构等相关单位合作，多举办一些推广国内著名品牌的活动，搭建面向世界的宣传推广平台，为民族品牌走向世界提供机遇。

2. 加快发展服务贸易，促进服务外包产业大发展

要进一步提高对发展服务贸易重要性的认识，研究出台促进服务贸易全面发展的实施意见。应充分发挥我国货物贸易规模大、增长快的优势，抓住全球产业转移及产业结构转型的机遇，推动服务贸易与货物贸易协调发展。通过专项基金等措施，重点支持与贸易相关的专业增值服务，加快生产性服务业发展。继续大力发展旅游、运输、对外承包工程和劳务输出等具有比较优势的服务贸易，积极促进金融保险、现代物流、融资租赁、商务会展等新兴服务贸易，壮大文化创意产业，培育新兴服务业态，拓展服务贸易领域，以产业结构的合理化和高级化带动贸易结构的优化。尽快推广服务外包示范城市和示范区的经验，抓住国际产业转移机遇大力发展国际服务外包产业。要探索建立能够长期促进服务贸易大发展的政策体系，可以借鉴货物贸易出口退税经验，推动服务贸易税收政策与国际接轨，研究建立服务贸易退免税政策制度等。

3. 尽快出台"一揽子"促进措施，加快"走出去"步伐

从经济总量、外经贸发展及外汇储备规模看，我国已经具备了加快发展对外投资的条件，而且不少企业对外投资需求比较强烈。应抓紧研究出台"一揽子"、综合性的"走出去"支持政策，总体上要贯彻逐步放松对境外投资严格管制的思想，强化企业投资主体地位，减少政府审批范围和环节，进一步简化对外投资包括境外上市的审批流程。一是尽快出台《境外投资管理条例》。适时调整境外投资总体思路，修订重点领域境外投资规划，完善境外投资产业政策，加强政府宏观指导。二是加大财税金融支持力度，进一步完善促进企业境外投资的财税政策。利用委托贷款、外币债券等方式，扩大外汇储备支持境外投资的有效途径。运用出口信贷、项目融资、并购贷款等多种融资手段，发挥好出口信用保险的政策性功能，加

大对境外投资的信贷支持力度。三是建立健全海外投资企业服务体系，协调驻外使馆的服务功能，扶持中介组织和企业开展海外服务活动，加强经贸信息收集、海外危机协调应对。四是支持有条件的外贸大企业、大集团发展和提升市场流通功能，加快培育具有国际影响力的跨国企业和拥有海内外营销网络的跨国贸易服务商。

三、微观层面：企业能力的提升

（一）存在的问题

1. 低成本竞争优势逐步弱化，稳定外需面临严峻挑战

近年来，多种推动成本上升的因素碰头叠加，企业生产经营压力明显加大，传统的出口竞争优势在弱化。一是原材料价格大幅上涨。国内工业生产者购进价格指数近几年维持高位运行，2010 年月度同比涨幅均在 7%以上。2010 年 5 月以来，国际市场铁矿石、原油、铜、棉花等能源和原材料价格普遍上涨 20%~70%。二是资源环境约束日益增强。土地对东部地区发展的约束已经十分突出，苏州 2010 年建设用地指标和盘活存量土地总和不及土地需求量的 1/10。深圳、东莞等市土地开发程度已经达到 47%和 45%，远远超过国际公认 30%的上限。三是企业用工成本明显上升。到 2010 年底，全国 30 个省份调整了最低工资标准，平均增幅达到 22.8%。尽管如此，不少地区仍连续几年出现"招工难"。人口普查数据显示，我国 0~14 岁人口比重明显下降，人口老龄化进程加快。受生育率和人口增长率持续保持较低水平的影响，我国劳动力市场供求关系正在发生明显变化，突出反映在每年新增劳动力持续下降上。以 15~60 岁劳动人口为例，20 世纪 90 年代每年新增数量在 1500 万左右，进入 2000 年后每年新增不足 1000 万，近几年则进一步下降到几百万的水平。中西部很多地区反映农村剩余人口多以老

人和小孩为主，能够继续输出的劳动力已经不多。这个问题应当引起足够重视。四是人民币持续升值挤压企业利润空间。从多种因素综合分析，未来人民币将会继续升值，低附加值外贸加工企业经营压力会不断加大。五是企业融资难凸显。2009年以来，央行多次加息和提高存款准备金率。目前银行1年期贷款利率加上保险、担保等其他费用综合成本超过10%，而且部分地区中小企业贷款利率还要再上浮20%～45%，小型微型企业融资难尤为突出。六是外贸环节收费多、企业负担重问题突出。某纺织品出口企业列举了每年需缴纳的各种费用，主要包括出口商品检测费、电子商务网服务费、进出口货物查验开箱费等七项，共计几十万元。

2. 低端加工为主的状况没有实质改善，创立自主品牌和提升自主创新能力进展缓慢

我国对外贸易企业主要集中在附加值低的生产加工环节，绝大部分不掌握研发设计和销售服务。尽管近年来我国机电产品和高技术产品出口比重逐年上升，但主要还是停留在加工装配环节，依靠廉价劳动力赚辛苦钱的状况并没有根本改变。加工贸易的主体是外资企业特别是跨国公司，产业链布局主要取决于母公司的全球战略，加工贸易企业自身缺乏转型升级的主导权，面临长期被动处于国际分工低端的风险。内资企业则普遍缺乏自主品牌。在有关机构公布的全球前100个知名品牌中，美国、欧洲分别占据50个和38个，亚洲有11个（日本8个，韩国3个），而我国没有。不仅如此，近年来，我国很多民族品牌纷纷被外资收购兼并后销声匿迹。有的民营企业向调研组反映，在创立自主品牌过程中，屡屡遭到国际知名品牌的排挤。在转型升级过程中，一些加工贸易企业对于开展研发、设计、检测、维修等生产性服务业的需求强烈。目前有关政策对上述新兴保税服务的支持还存在障碍，如对研发、检测、维修所用的旧设备和样品，缺乏相

应的税收政策支持。建议将部分服务贸易纳入保税贸易范畴，加快制定鼓励开展研发、设计、检测、维修等生产性服务的政策和监管措施，引导有条件的加工贸易企业向服务外包、品牌营销、设计研发等新兴业态和高端环节发展。逐步统一来料加工和进料加工的税收政策，明确深加工结转适用的税收政策。

汇率压力测试就是测算与评估汇率升值多少会对进出口等主要经济指标带来多大的影响。压力测试法的基本思路，是在抽样调查出口企业的成本构成、利润及相应的就业人数、产值、增加值、出口额、进口额等指标的基础上，着重分析如果人民币升值某个百分点，会使样本中多少家企业的销售利润率由盈利变为亏损，从而不得不关门停业，那么这些倒闭企业所对应的就业人数、产值、增加值、出口额、进口额等指标方面的损失总和占样本相应指标的比例，就可以视为人民币升值某个百分点对考察地区相应经济指标的影响幅度。课题组经过测算，人民币汇率每年5%的升幅，摊薄了以美元结算的加工贸易企业的利润，基本处于保本或略亏状态，这也是促进加工贸易企业转型升级的紧迫性因素。

（二）对策思路

企业转型升级不仅仅表现为对外贸易和外资结构的变化，背后是土地、劳动力、资金等诸多生产要素在国际、国内两个市场上的配置利用，关系到产业结构、就业、收入分配等一系列重大问题，实质上体现着国民福利和国家利益关系。加快加工贸易企业转型升级有利于实现经济增长依靠内外需协调拉动，有利于优化产业结构、城乡结构、区域结构。要充分认识到转型升级的紧迫性和艰巨性，采取有力措施加以推动。

1. 加强对加工贸易企业转型升级的规划指导

加工贸易占据我国对外贸易的半壁江山，也是转变外贸发展方式的重点和难点。加工贸易曾经是我国改革开放的切入点和突破口，经过 40 多年的大力发展，为实现我国外贸腾飞和经济高速增长做出了重要贡献，对它发挥的作用，应当站在历史发展的角度给予全面客观评价。随着国内外环境和外贸发展形势的变化，加工贸易本身所固有的弊端逐步暴露，产生的一系列问题日益凸显，加快推动加工贸易转型升级显得尤为迫切。近年来，在国务院有关部门的大力推动下，加工贸易转型升级取得了积极成效。但在调研中发现，对加工贸易转型升级目前仍存在两种认识上的偏差：一种是认为转型升级就是要取消加工贸易，全部转为一般贸易；另一种则是把转型升级理解为继续大力发展加工贸易，按照原有发展模式简单扩大规模。加工贸易在我国能够迅速发展，其中固然有实施最优惠保税政策的原因，但客观上也符合国际产业分工和产业转移内在规律，其转型升级仍然需要一个较为长期的过程。国际金融危机之后，原材料价格和用工成本大幅上涨，人民币升值及土地、劳动力、能源等约束不断加强，已经给加工贸易企业转型升级带来较大的倒逼压力。当前应保持已有加工贸易政策的稳定性和连续性，短期内不宜出台"以简单的全面收紧为特征"的政策，避免政策效应与市场倒逼作用形成叠加，造成加工贸易外贸大的波动。加工贸易相关政策特别是财税政策的重大调整，应充分考虑企业承受能力，必要的调整可先选择一些行业进行试点。要尽快出台国家层面的《加工贸易转型升级指导意见》，明确加工贸易转型升级的内涵、目标和途径，完善相关法律法规和政策措施，引导加工贸易面向国际、国内"两个市场、两种资源"。

2. 因地制宜、分类指导转型升级

各地区开展加工贸易的时间有先有后，起点和发展程度差异较大，因而转型升级的重点和着力点也不尽相同。应按照产业发展的规律，结合不同地区、不同产业的发展需求，实行差异化的政策，分类进行指导，避免

"一刀切"。东部地区转型升级的重点在于提高加工制造水平和产品附加值，向设计研发、品牌营销等产业链高端延伸。中西部地区仍处于加工贸易发展的初期，要吸取东部地区的经验和教训，引导新增加工贸易入园入区、集中规范发展。在引进外资的过程中要结合各地实际，有选择地承接东部地区加工贸易转移，切忌简单复制，贪大求洋，出现无序竞争。广东省反映，珠三角地区加工贸易发展早，从事来料加工的非法人企业数量较多，近年来大力推动非法人企业转为法人企业，但受金融危机的影响，这项工作没有如期完成，希望财政部延长非法人来料加工企业转型过程中不作价设备转投资免税政策的期限。

从世界环境来看，2011年可谓复杂多变，尤其进入第三季度以后，世界经济发生了一些新的变化，突出的特点就是欧债危机在深化蔓延，美国的主权信用评级下调，国际金融市场进一步动荡，而且从全球来看，物价上涨，通胀压力进一步加大，特别是世界经济复苏进程缓慢，对我国的经济造成了一些影响。这些皆使我国的就业面临着更加复杂的外部发展环境。一是对外贸易的不乐观。2011年，欧债危机蔓延，国际金融市场动荡，这些都在不断影响着已经融入世界经济的中国，尤其是世界经济增长速度减缓影响着对外贸易，使出口减少，外向出口型企业发展困难，不少企业吸纳就业的能力下降。二是FDI形势的不确定。尽管跨国公司仍将中国列为全球最有吸引力的投资地，但受到跨国公司资金链紧张，以及中国自身经济结构调整、政策变动、劳动密集型产品出口成本大幅度上升和海外需求下降等多重影响，存量FDI大量撤离，沿海一批外商投资企业关闭或转移到越南、印度等周边国家，减少了劳动力需求。三是有些国家对人民币币值贬值，增大了我国外贸企业的汇率风险，也增加了出口的成本，不利于出口企业的发展和相应的就业吸收。四是全球贸易保护不断升级。以美国为首的发达国家开始调整自己的需求结构和消费模式，保护本国市场和就业，使我国国际贸易争端日益增多，对我国贸易创造就业产生了不利影响。

从国内环境来看，我国劳动力市场不但存在总量失衡的矛盾，也存在结构失衡的矛盾，制约着 2011 年就业发展的体制性障碍仍然较多。一是从供求总量来看，我国劳动力供大于求的基本格局并未改变，就业压力依然很大。据统计，"十二五"时期，我国人口达到 13.7 亿人，劳动力资源将达到高峰。城镇平均每年需要就业的劳动力大约为 2500 万人，与"十一五"相比多了 100 万人。其中，高校毕业生每年近 700 万人，中专、技校、初中、高中毕业不再升学的学生也在 700 万人左右，同时还有失业人员和退役军人的就业问题。而每年城镇能够安排的劳动力大约是 1200 万，缺口在 1300 万左右。所以，中国就业的第一位问题仍然是供大于求。二是从结构上看，当前部分地区、企业在招工中存在的结构性短缺现象，部分企业"招工难"与部分劳动者"就业难"问题并存，正是就业结构性矛盾的一种具体表现，是经济回升向好背景下，企业用工需求与劳动力供给结构失衡的一种反映。而随着经济结构战略性调整的推进，无论是产业转型升级，还是节能减排、淘汰落后产能等，都将对就业结构产生深刻影响，技能人才短缺问题势必更加凸显，结构性失业问题也会进一步加剧，就业结构性矛盾将会更加复杂，这也影响着 2011 年就业目标的完成。三是目前还存在一些制度性障碍影响着 2011 年就业工作的发展。比如，数以亿计的农村劳动力向城镇转移的就业压力问题给我国社会保障制度的流动性转移提出了很大的难题。比如，人才队伍建设与更好实施人才强国战略的要求还不相适应，高层次创新型人才成长发展机制尚不健全等，制度方面的未发展、未完善，影响着就业工作的顺利完成。

第三章 相关国家和地区转型
升级的过程和启示

第一节 新加坡的经验和启示

在现代世界经济发展的历史中，许多国家和地区走上依靠加工贸易发展经济的道路。新加坡国土面积 697.1 平方千米，1965 年脱离马来西亚联邦独立，积极参与国际分工，推动产业升级。1961 年，新加坡将原工业促进局改制为经济发展局（EDB），负责制定和实施以促进企业发展为核心的经济战略，附属于贸易与工业发展部。EDB 是新加坡经济发展的领导机构，负责制定和实施以促进企业发展为核心的经济战略。

新加坡的产业升级从发展劳动密集型工业开始。20 世纪 60 年代，政府将经济发展战略调整到大力发展出口导向工业，从提供廉价易管理的劳动力出发，尽量吸引国外资金，培育本地出口制造业（李熙娟，2005）。相继颁发了《新兴工业法》（1959 年）和《工业扩展激励（豁免所得税）法案》（1961 年），规定新兴工业的原料设备免征进口税和 5 年所得税。投资越大免税越多，国内生产制品出口，15 年内所得利润只需缴纳 4% 的税。新加坡的新兴工业公司由 1961 年的 7 家增加到 1970 年的 262 家，创造了 15 万个就业岗位。1970 年，失业率降至 4.8%，GDP 达 51.1 亿新元，其中制造业总产值达 10 亿新元。发展了石油冶炼及化工、电子电器和修造船为主的运输机械行业，使新加坡成为东亚最重要的石油提炼中心。新加坡政府调整和扩充高等院校的同时，也与德、日、法等国合作兴建培训中心：新—德生产技术所、新—日软件技术所和新—法电子所，培养了一批专业技术人员。20 世纪 90 年代，新加坡推出商业总部计划（BHQ Programme），鼓励在新加坡注册的公司，将其技术扩展到本区域，走商业区域化、国际化道路；营业总部计划（OHS Programme），吸引跨国企业集团在新设立"区域营业部"，在 5~10 年内利润只交 10% 的公司所得税。

新加坡经济发展模式是在政府强力主导下的外向型市场经济体制，40 多年来 GDP 增长率平均高达 8%。政府不断追求竞争力的提升，重视产业结构的合理性和不断的转型升级，以紧跟世界经济发展的潮流。通过实行优惠政策吸引外资，为产业升级提供了配套的政策、资金、技术，并有侧重地引导生产和投资，推动经济发展和产业转型，建立起完整的产业链。

在亚洲"四小龙"中，中国香港和新加坡都属于城市型经济，因此在产业结构的变化中，有其相似之处。"二战"后，三次产业中第一产业日趋衰落，第二产业比重是先升后降，第三产业比重在不断上升，从比例结构上看，到 20 世纪 90 年代已接近发达国家水平。总体而言，第一产业无论在中国香港还是在新加坡，产值比重历来较低。中国香港第一产业产值比重只占 3.4%，进入 20 世纪 90 年代以来，则仅占 0.2% 左右；其就业比重也由

1960 年的 8.0% 持续下降到 1996 年的 0.4%。同期，新加坡的产值比重由 4% 降为 0.2%，就业结构同期由 7.5% 降到 0.2%。这说明在中国香港和新加坡，第一产业地位不仅呈不断下降的趋势，而且已经到了微不足道的地步。第二产业在中国香港是先升后降，但迄今仍是中国香港经济中的重要产业部门。从 20 世纪 50 年代开始至 70 年代，由于第三产业的迅猛发展，其产业结构发生了转折性的变化，经济主体以制造业为主转向以制造业、金融业、商业、旅游业为主的多元结构，第二产业地位和比重从此开始下降，到 1996 年仅为 15.4%。与此同时，中国香港的就业结构也呈现出与产值结构相同的趋向，由 1960 年的 52% 先升到 1971 年的 53.4%，然后开始下降，到 1996 年降为 25.7%。在新加坡，第二产业产值比重由 1960 年的 17% 先上升到 1980 年的 37.9%，以后略有下降，到 1996 年降为 36.7%。新加坡第二产业就业比重先由 1960 年的 20.7% 上升到 1965 年的 47.7%，以后开始下降，到 1996 年降为 30.2%。第二产业变化与中国香港有所不同。特别是在新加坡第二产业内部结构中，制造业占的比重始终较大，在经济中处于核心地位。从第三产业来看，中国香港和新加坡有相似之处．即地位持续上升，已成为两地经济的最大产业部门。二者在第三产业的内部构成中，中国香港以金融为支柱产业，而新加坡以贸易和交通运输业为支柱产业。

　　发展中国家产业结构的高度化进程应与本国技术引进、消化、吸收和创新能力相适应。获取后发效益永远是发展中国家赶超发达国家的一条捷径，因此外资导向型的经济发展战略在发展中国家会存在相当长的时间。但如果缺乏技术的相应引进、消化、吸收和创新能力，外资带来的经济增长就只能是数量扩张。出口拉动的经济增长，很容易引起国民经济的全面失衡。特别是创新型的应用技术可成功引进，但高新科技和基础科学研究只能自力更生。在后发优势消失后，如果缺乏独立的创造性技术开发能力，发展中国家经济就会陷入长时期的萧条状态中。

改革开放以来，我国从创办经济特区到开放沿海港口城市，从建立沿海经济开放区到开放沿江及内陆和沿边城市，对外开放有力地促进了我国经济发展。但西部地区对外贸易水平在全国仍处于最低、最落后的地位。2000年、2005年、2010年，即"九五""十五""十一五"末，占国土面积71.4%的西部地区，进出口贸易总额仅占全国进出口总值的3.6%、3.2%、4.3%。西部内陆开放型经济仍处于"短腿"：对外开放步入进口和出口并重、吸收外资和对外投资并重、由注重数量向注重质量转变的新阶段，西部内陆开放型经济仍处于初级阶段；突出西部大开发战略的优先地位、促进区域协调发展，西部内陆开放经济发展仍处于滞后状态。内陆物流瓶颈大、口岸协作困难。口岸涉外单位多，条块纵横，协调难度大。跨国公司在向中西部地区转移项目谈判时，明确提出要像沿海一样通关便利，并作为必要前提。这就需要优化口岸物流效率和通关作业模式。目前，海关采取"属地申报、口岸验放"等模式，不断推进区域通关、分类通关改革，着力优化监管和服务。

自西部大开发战略实施以来，党中央、国务院给予一系列特殊政策支持：2000年国务院发出《关于实施西部大开发若干政策措施的通知》；2004年国务院印发了《关于进一步推进西部大开发的若干意见》；2006年出台了《西部大开发"十一五"规划》；2010年出台了《中共中央、国务院关于深入实施西部大开发战略的若干意见》；《"十二五"规划纲要》明确将深入实施西部大开发战略放在区域发展总体战略的优先位置。产业梯度转移是大趋势，实现转型升级是内地开放型经济跨越式发展的关键所在，通过加工贸易承接产业转移具有政策上的优势，可以较大程度上弥补东西部地区在区位和政策上的差距。

从整个宏观经济来看，中国制造业的迅猛发展造就了举世瞩目的经济增长奇迹。然而，从中国单个企业的发展来看，大部分企业规模都相对较小，中国目前较大的市场规模都没有培育出大规模的企业。中小企业在自身发展过程中会碰到各种各样的资源约束，如资金、人才和技术等，而在此基础上形成的众多中小企业在空间上的集聚，形成产业集群，在一定程度上克服了企业发展过程中的障碍，由此形成了中国制造业发展过程中明显的以产业集聚为特色的块状经济发展模式。

江苏沿江已成型的产业集聚存在三种形成机制：一是大企业通过上下游的扩张，形成产业集聚。比如太仓的自行车产业，先是进入中国台湾地区的一家品牌企业，然后跟进一批配套厂，还有为配套厂配套的其他企业，形成上下游的产业链。二是一个企业做出了市场，引来了其他的分食市场蛋糕者，大家一起把市场做大，引来更多的企业集聚，聚拢更多人气，形成良性循环。三是行业本身做不大，但依靠商会、专业市场等中介形成集聚。现在的集聚多数是制造业的集聚，且最终产品多是居民消费品，大型专业市场的作用就至关重要。例如，纺织工业是江苏的传统产业。目前，该区域的纺织工业布局正发生结构性变化，一方面经过结构调整和资产重组，形成了一批以大中城市为中心，拥有开拓国际市场、科技创新、资本运作、品牌推广综合实力的纺织企业大集团；另一方面纺织产业资源要素向乡镇集聚，形成一批专业化特色明显，中小企业集聚效应显著的区域性产业集群，与大城市的纺织业形成市场细分、优势互补的新格局，适应了城乡不同层次的需求。

浙江产业集群不断发展壮大，已成为建设先进制造业基地的重要依托。杭州湾南岸依托萧山和杭州高新区，形成了完整的电子通信产业和化纤产业的集聚，包括华为、万向、吉利汽车、IBM 等著名企业都在此设厂。要脱离这种低端地位，我们的企业必须拥有自己的技术和品牌，自主创新就成为重中之重。只有有了自己的品牌和技术，企业才有了自由发言权，才能掌控自己的未来。浙江的小商品产业集聚也颇具规模，它与大市场建立了密切的联系，形成了"小商品、大市场"的经济格局。中国企业必须沿着"质量—技术—品牌"的路径发展：提高商品质量和商品科技含量，实现从主要出口附加值低的初级加工制成品向主要出口高附加值的深加工制成品的转变，提高出口商品的品位和附加值，实施扶持和培育名牌商品的战略目标，整体提高我国出口商品的竞争实力。义乌中国小商品城依托大市场网络，使浙江成千上万种小商品流向全国甚至世界各地，把原来前店后厂的生产方式汇集成生产基地+销售网络的覆盖全国、贯通全球的销售渠道。对于一些拥有自有品牌的国内企业，在"借船"进入国际市场或陷入经营困境时，通常选择用优良的产能换取外商贴牌订单的"便捷"途径，然后自有品牌就会被外商"冷藏"，比如一些老牌子两面针牙膏，待国内企业稳定后走出经营困境时，再启用自有品牌进入国际市场时感受到，当初外商品牌封杀我们企业自有品牌的老谋深算，老品牌已被新市场遗忘，产业链的向下延伸路径也已被堵死。

第二节　中国澳门手信业的发展过程和启示

中国澳门经济经过回归以来的发展，已进入一个新的阶段。加之内外环境的变化，经济发展中产生了新的问题和新的矛盾：一方面经济发展水平和层次有待提升，特别是要通过落实打造世界旅游休闲中心和区域商贸平台来提升发展层次和水平，另一方面又要面对较为严峻的外部环境，需要应对目前的困难；一方面博彩业高速增长带动了其他行业和整体经济发展，另一方面博彩业又对其他产业形成一定程度的排挤效应；一方面引进外资和人才推动了中国澳门经济发展，另一方面引进外资和人才又使本地企业和人才面对较大的压力和挑战；一方面大型企业做大了本地市场，衍生了新的业务，为中小企业发展带来发展机遇，另一方面在大型企业拥有竞争优势的市场中，中小企业发展处于较为不利的地位；一方面经济快速发展需要提供相应的人力资源，另一方面中国澳门本地人力资源的质和量都不足以满足经济发展的需要；一方面本土发展空间狭小，经济持续发展受到制约，需要参与区域合作，另一方面中国澳门本地企业多数规模不大，实力有限，参与区域合作的竞争能力有待加强。

中国澳门工业在现时经济发展下，要持续发展，必须进行革新优化和转型升级。除继续承接出口加工业订单外，还应拓展本地市场，这有赖于政府在政策上做出到位的扶持。时任行政长官崔世安在 2012 年施政方针问答大会上，清楚表明支持和保留中国澳门本地制造业，会采取措施，并明确在政府采购层面上，会优先考虑采购本地产品。综观欧美各国，为了支持本土工业的发展，保障本地厂商的倾斜政策，对工业发展起很大的扶持作用。

中国澳门厂商联合会于内地和澳门注册"MinM"澳门制造商标，并推广这一集体品牌。增值率最高的不是低端产品，而是高品质的名牌产品，利润率最高的"撇脂"产品（如限量跑车）走的就是高质量的路线，随产品销售的是一种高质量的象征，对于以低端产品为主打的企业来说，是生产不出这样的产品的。品牌建设方面，我们特别注意两点：首先，中国企业需要强化商标意识；其次，中国企业要坚持用自己的商标创造名牌。已经有水泥厂和一些服装厂明确表示在产品上使用 MinM 商标。如果企业独自进行产品宣传，必须要动用巨额费用，对中小企而言存有一定困难，但参加 MinM 的集体品牌推广，既可节省宣传费用，更可加快消费者对品牌的认识，也可使企业从中了解市场对产品的反映，不断进行改进，协助企业成功孵化品牌，节省启动资本。

2011 年，全年入境旅客高达 2800 万人次。内地旅客乐于在中国澳门购买食品，因此中国澳门在食品工业上存在很大的优化空间。中国澳门定位为国际旅游休闲中心，饼食手信业是龙头产业的重要一环。中式食品手信年销售额从回归前的 4000 万澳门元，到 2009 年达 2.76 亿澳门元，2010 年为 3.62 亿澳门元，2011 年达到 4.5 亿澳门元，有高达两位数的增长。手信业发展的轨迹，亦成为中国澳门本土经济腾飞的缩影。

手信业持续发展，但行业间仍普遍存在以下困难：一是人手不足，年龄老化，人力资源成本上涨。一方面，缺少愿意走进行业内的新近人力资源青黄不接，难以培养专业技术人员；另一方面，大型娱乐场、酒店高薪高福利挖人，人力资源成本上涨。二是原材料和租金成本上升。中国澳门作为微型经济体，原材料和燃料等都要依赖进口，物价水平受外围因素影响很大，原材料和租金比上年有双位数的大幅增长，对经营环境无疑雪上加霜。三是创意不足，产品包装美化相对较弱。与中国台湾和日本等地区的产品相比，中国澳门手信产品在包装设计上明显逊色，欠缺新意。目前包装已成为强有力的营销手段，设计良好的包装不仅能为消费者创造方便价值，更能为生产者创造促销价值。精美的包装可以起到对产品的广告宣传作用，亦能吸引消费者的注意力，给消费者信心，形成一个有利的总体印象。

中国澳门手信业尚存在一定的隐忧和困难，应以"传承、创新"为原则，通过针对保留传统的优良配方，引入创新生产技术，再配以创意的包转及设计，以提升业界的竞争力，配合中国澳门适度多元发展方针，以达到持续增长、稳步发展的目标。人力资源是承接国际产业转移进程中越发短缺的资源，当资本和技术可以依赖外部供给时，人力资源的短缺问题会随着高端产业的外移和外包变得更加突出，中层管理人员和熟练技术工人的供不应求已经开始在国内的东南沿海省市显现。工业化之初，凭借丰富而廉价的非熟练劳动力资源，发展中经济体较为顺利地承接了大量劳动密集型产业的国际转移，但进一步转移技术密集的高端产业链条时，长期以来教育体制与产业需求相脱节的问题和企业人才培养的问题都会浮出水面。

以长三角地区为代表的我国沿海地区经济成长的模式，是基于FDI的出口加工发展模式，这是我国沿海地区工业化道路的重要特征。长三角地区正在实现通过外向型政策创造比较优势向依靠大市场培育的规模经济和近乎无限供给的劳动力条件形成的自发比较优势转变，国内大市场培植的规模经济进一步巩固并强化了比较优势，形成了我国参与国际贸易越来越强的专业分工格局，造就了当前中国经济在世界贸易分工格局中的独特角色，既是其他国家和地区产业内贸易的重要伙伴，又是垂直分工中的重要环节，即世界制造业的中心。长三角地区成为连接亚洲和其他欠发达国家或地区与发达国家或地区的贸易桥梁，而且随着经济自身分工的逐步发展和完善，长三角地区经济将加快形成自身相对完善的分工链。"中国制造"成就了长三角地区乃至中国经济高速增长的奇迹。长三角的发展经验对于中国澳门巩固在珠三角地区的地位、发挥其独特的优势也具有借鉴意义。

第四章 转型升级的宏观战略研究

改革开放以来，加工贸易在我国进出口总额中的比重接近50%，在我国对外贸易中占重要地位，成为我国贸易顺差的主要来源。但是，随着我国在全球经济分工中地位的改变，劳动力成本上升，以及金融危机后全球经济陷入谷底，转变经济增长方式成为未来我国经济增长的主要方向，因此，我国加工贸易的转型升级就显得十分必要而且紧迫。从宏观层面来看，我国加工贸易的转型升级战略主要可以分为整体推进战略、循序渐进战略、区别对待战略和重点突破战略，以下本书将详细阐释这四种宏观战略的内涵和意义。

第一节 整体推进战略

加工贸易的转型升级需要与我国经济发展水平、增长阶段及全球经济环境相匹配，在我国转变经济增长方式的背景下，在实施加工贸易整体推进战略的过程中，关键是要处理好"四个协调"的关系，即加工贸易的进口与出口相协调、加工贸易与一般贸易相协调、加工贸易产品的数量和质量相协调、加工贸易产业中的劳动密集型与技术密集型相协调。

一、进口与出口相协调

改革开放后，尤其是进入 20 世纪 90 年代，在我国"进口替代"战略的驱动下，以"大进大出"为特征的加工贸易成为我国参与国际分工和竞争、发展开放型经济的排头兵。加工贸易成为我国出口创汇的主要途径，2001 年后，加工贸易在我国出口中的比重一直超过 50%，这种局面一直持续到国际金融危机之后。在这个发展过程中，大量的跨国企业将生产基地放到劳动力低廉的中国，我国尤其是沿海地区成为承接全球产业转移的主要区域，也使国内原材料、零部件产业得到快速发展，加工贸易的快速发展带动了国内产业升级，以及增加了出口附加值（张松涛，2003），并且也符合了我国工业化进程的阶段特征（汪五一，2000）。但是，在国际金融危机之后，人民币升值，我国人力成本开始上升，国际市场低迷，导致大量的加工贸易订单转向成本更低的东南亚国际及非洲，我国加工贸易企业面临生存危机。

因此，整体推进我国加工贸易的转型升级是一项迫切而且紧急的任务。但是，加工贸易作为我国出口创汇的主要途径，不能采用"一刀切"的方式，关键是要进口与出口的内在协调。需要在稳定我国加工贸易出口创汇功能的基础上，有意识地引进国外的先进产业和技术，增加我国加工贸易的技术含量和附加值，在优化出口结构的同时增加对国外先进技术和产品的进口，这样，既能保证我国经济增长的基础，也能为加工贸易升级转型提供技术基础，也起到了平衡国际社会对我国贸易顺差争论的作用。

图 4-1、图 4-2 分别为加工贸易出口、进口总值中初级产品与工业制成品的比较。

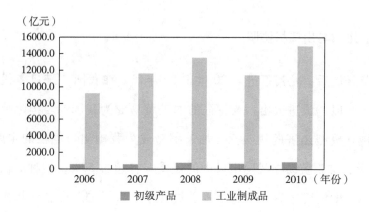

图 4-1　加工贸易出口总值中初级产品与工业制成品的比较

资料来源：《中国统计年鉴（2011）》。

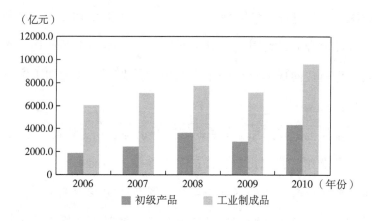

图 4-2　加工贸易进口总值中初级产品与工业制成品的比较

资料来源：《中国统计年鉴（2011）》。

二、加工贸易与一般贸易相协调

在我国对外贸易中，加工贸易在经济收益低于一般贸易的前提下，加工贸易却比一般贸易要发达（沈阳，2012），这似乎是一个悖论。但是，从加工贸易和一般贸易的发展轨迹上，我们就可以发现，我国在20世纪90年代后，一般贸易的主体地位逐渐被加工贸易所取代（见图4-3），这其中的原因主要有国家对加工贸易的大力扶持，全球经济一体化背景下的产业快速发展以及在对外贸易中的主体地位，导致我国一般贸易发展速度和规模明显慢于加工贸易。

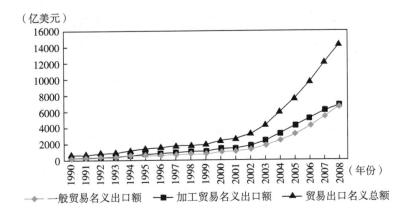

图4-3 1990~2008年一般贸易、加工贸易、贸易出口名义总额的比较

资料来源：《中国统计年鉴（2009）》。

因此，在我国加工贸易转型升级的过程中，需要高度重视加工贸易与一般贸易之间的关系。从理论上来说，一般贸易是国家对外贸易的主体，能够产生更多的经济效益和市场份额，也能够推进中国企业在全球的国际化进程。但是，基于此就断定未来中国对外贸易发展需要重视一般贸易而轻视加工贸易，难免有些武断。实际上，加工贸易的转型升级是能够为一般贸易的发展提供支持的，两者之间不是简单的替代关系，而应该是相辅相成、协调发展的关系。中国未来对外贸易的又好又快发展，既需要加工贸易的转型升级，也需要一般贸易的快速发展，加工贸易的转型也能使一些加工贸易企业转型为一般贸易企业，从简单代工成长升级为具有自主知识产权的一般贸易主体。因此，加工贸易和一般贸易的协调发展是整体推进加工贸易转型升级战略的重要部分。

三、数量与质量相协调

我国加工贸易转型升级的整体推进战略需要实现从一味注重加工贸易规模向规模与质量相协调的转型升级。由于我国在改革开放之前，贸易底子比较薄，外汇储备也比较少，因此，国家对数量和规模的追求显得更为急切，2009 年，中国已有 200 多种产品的产量居全球首位，国际市场中 70%的 DVD 和玩具、50%的电话和鞋、超过 30%的彩电和箱包均产自中国。跨国公司将"微笑曲线"两端的部门放在自己国家，将利润率最低，劳动力最为密集的生产环节放在我国，"两头在外"是我国加工贸易的显著特征。在我国加工贸易出口创汇不断增长的同时，跨国公司也正享受到"微笑曲线"两端的高利润好处。由于我国加工贸易的快速增长是建立在数量增长的基础上的，因此，我国加工贸易相关地区、行业、企业对外贸的依存度也呈现不断上升的趋势，但是，也正是由于过高的外贸依存度增加了我国加工贸易的风险。

因此，加工贸易的整体推进战略实施需要减少我国加工贸易对外的依存度，在我国多数加工贸易企业还处于数量发展阶段的时期，需利用转变经济增长方式的政策机遇，由强调数量逐渐转变为强调质量，由简单代工转变为有自主知识产权的品牌竞争，由低技术含量生产转变为高技术含量生产，由"中国制造"转变为"中国智造"。但是，这个减少的过程应该是数量与质量互相协调调整的过程，是一个在企业和政府共同作用下的转型升级过程，要注意发达地区与欠发达地区的区别，要注意对小微企业的扶持，这样，才能在一个相对稳定的宏观环境下，实现我国加工贸易从数量扩张到质量扩张的转型升级过程。

四、劳动密集型与技术密集型相协调

加工贸易在我国得到快速发展的近 20 年中，劳动密集型产业在加工贸易中占有较大比重。加工贸易出口产品结构也主要是低技术含量和附加值的产品。随着加工贸易转型升级的要求，产品结构也需要从低附加值和技术含量升级到高附加值和技术含量的产品，简单地将劳动密集型产业和技术密集型产业定义为替代产业有很大的缺陷。主要原因在于，我国的加工贸易比重较大，其中劳动密集型产业是主要生产部门，短时期内强制升级不仅成本巨大，还面临是否有相应的人力资源相匹配的问题，另外，我国是人口大国，这是我国的基本国情，随着城市化进程不断深入和加快，就业问题还是我国需要解决的主要问题，劳动密集型产业再吸收就业方面具有天然优势，因此，对于中国来说，劳动密集型产业不仅是经济发展的动力，还有吸收就业的功能。

基于此，整体推进加工贸易转型升级的过程中，既要重视技术密集型产业在经济效益方面的优势，也要重视劳动密集型产业在吸收就业等方面的优势，在劳动密集型转型升级的过程中，注意劳动力素质的培养，注意将技术密集型产业与劳动密集型产业搭配发展，使两者有机协调，循序渐进地完成加工贸易转型升级的整体推进。

第二节　循序渐进战略

随着我国加工贸易规模的扩张和国际竞争力的不断增强，循序渐进战略体现在区域梯度转移和产业内升级换代的递进上。

一、基于全球价值链环节的递进

西方经济学理论中的"迂回生产"表明了生产环节越长，生产效率越高，产生的经济价值越大。结合国际分工理论，不同环节的专业化使分工更为专业，专业化分工在全球范围内进行分配，不同梯度的国家和地区都被纳入整个的全球价值链中。显然，随着全球价值链的不断拉长，技术含量逐渐增加，价值链上各环节的经济价值差距也就逐渐拉大。

我国加工贸易自改革开放以来，一直处于利润率较低的生产环节中，在全球价值链的分工中属于附加值较低、技术含量较低的生产环节，但随着我国加工贸易不断成长，我国的加工贸易也在逐渐进入全球价值链的相对高端环节，技术含量和经济价值也随着生产环节的递进而不断增加。这种趋势是好的，也是符合我国加工贸易转型升级要求的，我国加工贸易转型升级的主要目标也是要使我国加工贸易能够跻身到全球价值链的高利润环节，并不断向附加值更高的服务贸易转变。

但是，全球价值链分工态势的形成是经过相当长时间的，而且技术水平的发展也是与国家和地区经济发展水平及工业化阶段密切相关的，我国虽然在一些产业的加工贸易中处于全球领先地位，但是，这些产业主要也是处于全球价值链低端的一些产业，例如，我国的 CRT 彩电行业，虽然我国的产量占到全球的 80%，但是，这个产业却是一个典型的夕阳产业，相应地，在全球价值链的地位也不断下降，取而代之的是液晶彩电行业，对于我国来说，领先不意味着在全球价值链中地位的上升。因此，我们要看清加工贸易发展的现状，认清现实，全球价值链形成的相对稳定性在短期内具有静态的特征，我国加工贸易想在短期内升级转型到价值链的高端，不太现实。基于此，我国加工贸易在全球价值链中的地位应该是递进的，这也是实施循序渐进战略的一个重要基础。

二、基于地区梯度转移的递进

经济发展不平衡是我国经济发展的实际情况，而其中加工贸易在东西部分布的不均衡性更为明显。从我国加工贸易的主要区域分布来看，多数的加工贸易行业和企业都分布在珠三角、长三角等东部沿海地区，中西部的比重只是在最近几年才逐渐增加。

在推进加工贸易转型升级的过程中，产业梯度转移是一个有效的途径和方法，也是循序渐进推进加工贸易转型升级的主要战略实现方式。中国加工贸易的发展来自全球价值链分工体系的重构，另一个基础就是来自发达国家对我国的产业转移。在我国承接全球加工贸易转移之后，主要地区就是我国加工贸易发达的东部沿海地区，这是前 30 年全球产业转移的结果。进入 21 世纪后，产业转移更多的在区域内实现，典型的转移就是从我国的东部沿海发达地区将一些劳动力需求大、技术含量不高的产业转移到梯度较低的中西部地区，这种转移首先在沿海发达省份内部进行，然后在全国范围内进行。例如，富士康这样的典型代工企业就逐渐将生产基地从深圳转移到中西部的武汉、重庆、郑州等地，这种产业梯度转移的递进未来将在更多的加工贸易产业和企业中被实现。

从目前我国的加工贸易梯度转移的进程来看，将加工贸易行业转移到劳动力资源更丰富、成本更低的中西部地区是加工贸易企业的共识，国外企业也持有相同的观点，这种渐进的、有序的梯度转移既能保证我国加工贸易对地区经济增长的贡献，也能使沿海地区在转型升级中加快步伐，为今后再次带动中西部发展创造条件，实际上，这种表现为"非均衡"的基于地区梯度转移的递进策略是保证我国加工贸易转型循序渐进战略实现的重要前提和方式。

三、基于产业内升级换代的递进

任何产业都会经历初创、成长、成熟、衰退的生命周期曲线，对于加工贸易产业来说，也不可避免地会沿着产业生命周期而延续其成长轨迹。目前，我国的加工贸易产业主要集中在服装、电子元器件、家具等产业中，这些产业的一个共同特征是都是伴随西方发达国家工业化进程成长起来的产业，在经历了接近80年的成长之后，这些产业都进入了成熟后期或者衰退期。虽然这些产业都进入了利润率相对稳定甚至下降的周期中，但是，这些产业中也存在"利基"，即通过技术创新等产业内升级方式能够延续产业的生命轨迹，并且实现中长期的盈利。

因此，从我国加工贸易所涉及的主要产业的生命周期来看，这些产业还有很大的内部升级并延续创造经济利益的潜力，这种产业内的升级换代在中长期都具有"利基"市场。基于此，从产业生命周期的角度，我国加工贸易发展还能通过产业内升级换代的递进而延续其生命力，这也给循序渐进战略实施创造了一个新的渠道和环境。

第三节 区别对待战略

我国加工贸易发展在地区层面具有不均衡特征，沿海发达地区对加工贸易的升级换代更为迫切，并且也具备条件，而中西部地区还没有稳定的产业基础，传统的加工贸易在中西部地区发展仍然有巨大的潜力。正是由于我国地区加工贸易发展的不均衡，因此，在对待不同地区加工贸易转型发展的实践中，需要实施区别对待战略。东西互补实现加工贸易转型升级。

第四节 重点突破战略

要有的放矢地进行重点突破，实施重点突破战略。例如，从地区层面来说，可以将加工贸易发展得比较好的珠三角、长三角作为突破口，利用珠三角、长三角与中国香港、东南亚等地联系紧密的优势，发挥珠三角相关产业的带动作用，从新路径对加工贸易进行转型升级。

第五章　企业转型升级的战略研究

　　我国加工贸易的转型升级，从微观层面来说，转型升级的主体是我国众多的加工贸易企业。随着我国开放程度的不断加深，我国加工贸易企业数量不断增长，这些加工贸易企业的成长经历了 20 世纪 90 年代后我国成为世界工厂的快速成长期，但是，也经历在国际金融危机后的衰退期。这种大起大落的成长历程显然不符合一个成熟市场中企业的成长轨迹。在我国加工贸易转型升级的背景下，企业需要从代工升级到自主知识产权，需要从机械生产转型为学习国外先进生产技术和技术经验，将国外企业的经验转化为企业的知识存量，需要有步骤、有节奏地转型升级，需要实事求是、稳中求进。本书将加工贸易企业转型升级战略总结为四大战略，分别是干中学战略、先易后难战略、稳中求进战略和立足创新战略。

第一节 干中学战略

加工贸易企业的转型升级需要知识的支撑，企业获得知识的方式是学习。学习机制分为个人学习和组织学习，对于加工贸易企业来说，个人学习和组织学习同时贯穿在企业的运营过程中。企业通过对国外先进技术和生产过程的重复行动的学习，来不断增加自身的知识存量和流量，从而达到自身升级的目的。这种学习机制是企业升级转型的战略机制，应该渗透到企业生产和运营的各个环节中。这种对先进技术和生产环节的重复学习战略就是"干中学"战略。

一、个人层面的"干中学"

我国加工贸易企业转型升级中面临的一个现实困难是人力资源素质不高。由于我国加工贸易企业主要处于全球价值链的生产环节，并且以代工为主，多数企业本身也是中小企业，自主设计和研发的产品比重很小，自主研发能力不强，因此，对于员工的要求也不高，整体人力资源素质较低是我国加工贸易企业转型升级的一个显著劣势。

基于我国加工贸易企业人力资源素质的实际情况，"干中学"是提高人力资源素质的有效途径，也是加工贸易企业转型升级需要实施的一项基础性战略。"干中学"强调员工自主学习的主动性，需要员工个人在实际的工作和操作中主动学习，在加工国外企业的产品和操作国外先进机器设备的过程中，反复熟悉相关流程，将先进知识本土化、自主化。企业可以采用内部培训、员工内部讨论、示范操作、师徒制等方式来强化员工个人对"干中学"战略的认识，由被动的强迫式学习转化为积极的主动学习，这样才能达到"干中学"的目的，从而提高企业员工的知识存量，增加先进知识在企业员工中的流动速率，提高生产效率，从而在员工层面形成企业转型升级的知识积累和创新基础。

二、组织层面的"干中学"

个人学习是企业知识存量的基础，组织学习能够提高知识在组织内的流动速度，整合个人知识结构，形成组织学习氛围，达到创建"学习型组织"的目的。组织学习也是一种创造。实际上，对于多数企业都是中小企业的中国加工贸易企业来说，组织学习能够带来利润率、提高决策效率等诸多好处。

员工是企业的基础，但是参与到全球价值链中竞争的最小单位却是企业，因此，企业组织需要整合员工知识存量，不断设计新的机制来激励员工学习，最终形成能够产生市场竞争优势的企业组织知识。

图 5-1 为组织层面"干中学"的主要实现途径。

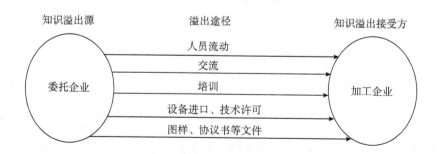

图 5-1　组织层面"干中学"的主要实现途径

总之，中国加工贸易企业要以技术创新和差异化作为主要的竞争手段，在员工个体和组织层面分层次实施"干中学"战略，实现企业的转型升级。

第二节 先易后难战略

加工贸易的整体升级需要循序渐进，企业个体的转型升级则需要先易后难。按照企业升级转型的基本规律，企业要从容易的部分开始转型升级的尝试和实验，逐步扩展到相对困难的部分和环节，基于此，先易后难战略是企业个体升级转型的一个基本战略。对于我国的加工贸易企业来说，先易后难战略的实施要从增量部分先行转型，进而对存量部分进行转型升级。增量部分代表的是新增员工或者新增产品生产线，由于员工和生产环节都是新的，因此，企业可以首先对这些环节提出较高的要求，直接与国际先进水平接轨，达到转型升级的目的；存量部分代表的是企业原有的员工和生产线，这些员工可能素质相对较低（见表5-1），但是具有较高的企业忠诚度，生产线短时间内的升级换代只会造成员工对新技术的措手不及，从而出现事与愿违的转型升级效果。

表5-1 2011年我国农民工受教育情况　　　　　　单位：%

	全部农民工	本地农民工	外出农民工	30岁以下青年农民工
不识字或识字很少	1.5	2.1	0.9	0.3
小学	14.4	18.4	10.7	5.9
初中	61.1	59.0	62.9	59.8
高中	13.2	13.9	12.7	14.5

续表

	全部农民工	本地农民工	外出农民工	30 岁以下青年农民工
中专	4.5	3.2	5.8	8.6
大专及以上	5.3	3.4	7.0	10.9

资料来源：国家统计局：《2011 年我国农民工调查监测报告》。

一、增量部分可先行转型升级

企业增量部分主要指的是招收的新员工、引进的新产品生产线或生产工艺、将要开拓的新市场等。相对于存量部分长久形成的历史原因，增量部分对于企业来说都是崭新的，可以在战略实施中考虑直接同国际先进水平进行接轨，这种转变由于不涉及企业之前的一些沉淀利益，因此，转型升级的尝试要相对容易，而企业也可以在这些新的领域中取得宝贵的转型升级的经验，从而为相对困难的存量部分的转型升级提供借鉴。

在增量部分的转型升级中，一是企业可以直接招收具有较高素质的员工，提高员工素质综合水平。这样，具有较高素质的员工能够较快地掌握先进的生产工艺或者生产线操作，为后续引进先进生产线奠定人力资源基础。二是企业在引进新产品生产线或生产工艺时，直接瞄准世界先进水平。在保证人力资源的前提下，企业可以直接通过引进的方式，获得世界先进的生产线和生产工艺，缩短企业创新开发周期，使新产品的代工生产直接同世界主流产业和厂商对接，利用引进方式嵌入更为高端的全球价值链中，提升生产环节在整体价值链中的地位。三是企业可以开拓对于企业战略意义更大的全新市场。我国加工贸易企业的主要贸易伙伴包括美国、欧洲、日本等，但是全球金融危机后，欧洲陷入信任危机，美国经济长期停滞，日本经济也一直在谷底徘徊，对于我国加工贸易企业的主要市场而言，这些存量市场的改变周期较长，成本较大，并且中国企业在价值链中的地位也很难改观。对于企业新开拓的市场，可以在企业新产品的促进下，进入新市场地区更为高端的价值链位置，从中高端做起，占领新兴市场，如金砖国家市场等，实现高起点的竞争格局，为企业转型升级奠定市场基础。

二、存量部分可局部转型升级

相对于增量部分的转型升级，存量部分的转型升级相对困难，但这也是先易后难战略中需要最终解决的关键问题之一。加工贸易企业的存量部分主要是指已有的人力资源、生产线或者生产工艺，以及相对固定的客户和贸易往来区域。存量部分对于目前大多数的国内加工贸易企业来说，仍然是企业受益的主要来源。其中，相对稳定的人力资源队伍为企业常规生产提供了足够的知识和经验，能够保证在较短时间内完成数量较大的业务订单，同时，由于长期重复工作的原因，这些人力资源掌握的技能和知识对于企业传统产品和生产来说，能够提供较高的生产效率。另外，稳定的客户和贸易区域也能减少企业由于开拓市场所需要耗费的搜寻成本和营销成本，长期合作形成的信任也能减少企业的交易成本。从这个角度来说，对存量部分，尤其是对于目前还处于收益稳定期的存量部分，企业并没有动力去实现转型升级，而对于中小企业来说，转型升级的不确定性也是企业家考虑的主要风险因素之一。对于加工贸易企业而言，存量部分是生存的基础，而转型升级则是发展的基础，因此，存量部分的转型升级是一个困难的过程，但是转型升级的大趋势不可逆转，企业对于存量部分的转型升级可从局部开始，逐渐深入。

存量部分的局部转型升级可以从三个方面来展开。一是在企业员工中，对一些绩效评估表现较好、具有学习基础的员工进行先进技术和生产工艺的培训，选派一些老员工到高校或者相关客户厂家进行培训学习，利用这些老员工的带动效应，逐步提高企业原有员工的整体素质，为企业转型升级奠定人力资源基础。二是在企业常规生产工艺中，有意识地进行调整升级，部分调整但不影响整体操作，逐渐转变员工的操作习惯，从局部到整体，逐渐地转型升级。三是利用互联网渠道，逐渐拓宽企业的市场范围，通过网络等低成本的沟通方式，逐渐升级企业市场区域，并升级相关客户资源，互联网营销和电子商务手段能够在保证企业存量市场的同时，逐渐扩大企业的市场范围。

总之，对于期待转型升级的加工贸易企业来说，先易后难战略是一个基本战略，但是，容易和困难是相对的，是动态的，增量转型升级相对容易，应该首先推进，存量转型升级相对困难，但是也能通过局部调整的方式逐渐实现转型升级。

第三节　稳中求进战略

加工贸易企业在转型升级的过程中，不确定性会增大企业经营的风险，由于我国加工贸易企业多数是中小型企业，抗风险能力较差，对于企业来说，风险控制和规避是企业在转型升级过程中必须要面对的问题。基于我国加工贸易企业的整体特征，一味地追求转型升级的冒险战略显然不是优势选项，稳中求进战略是我国加工贸易企业转型升级的一个稳妥战略选择。在实施稳中求进战略的过程中，稳定和前进是在相辅相成中实现的，要以订单为基础，实施转型升级；要以经济发展潜力为基础，实施转型升级；

要以产业阶段为基础，实施转型升级。

一、以订单为基础的业务转型升级

订单是加工贸易企业的生命，订单意味着企业的收益来源和经营基础。对于我国加工贸易企业来说，订单式生产模式在很多的企业中都是主要生产模式，基于订单的生产大大降低了企业的经营风险，企业尽可能地降低了库存成本和营销成本。因此，对于企业转型升级来说，企业单方面的调整生产工艺或者产品系列，没有外部订单作为基础，将大大增加企业的生产成本和营销成本，增加企业的资金链压力，从而放大企业的经营风险，在我国多数加工贸易企业为中小企业的现状下，为缺乏订单基础的单边转型升级带来了巨大的风险。当然，如果企业有足够的能力承担这些成本，未来企业很有可能成为市场领导者，而如果抗风险能力不强，则可能在盲目的转型升级中被淘汰出市场。

基于此，中国加工贸易企业的转型升级应该以订单为基础，在尽量降低风险的同时，利用订单创造的条件，实现转型升级，是稳中求进战略实施的一个重要方式。

二、以经济发展潜力为基础的市场转型升级

我国加工贸易企业的客户目前主要为我国的一些主要贸易伙伴，包括美国、日本及欧盟等国家。但是，最近几年，尤其是国际金融危机后，世界上主要发达国家面临经济下行的风险，欧盟国家也在信任危机中状况不断。升级转型也要注重市场的转型升级，对现有的市场范围进行扩展和升级，尤其是对现在经济发展潜力巨大的金砖国家，开拓市场范围，转移市场重心，具有积极意义。我国的加工贸易企业需要以市场经济发展潜力为

基础，只有良好的经济发展潜力才能保证未来市场的需求数量和容量，市场规模是保证我国加工贸易企业转型升级的一个前提保障。

基于此，我国加工贸易企业的转型升级应在注重现有市场的基础上，以市场经济发展潜力为评判标准，积极扩大国际市场范围，将市场扩展到未来经济发展潜力巨大的金砖国家，以市场为基础的转型升级才是稳健的、可持续的。

三、以产业发展阶段为基础的产业转型升级

我国加工贸易企业目前所处的产业存在产业高级化程度不高，处于成熟期或者衰退期的传统产业为主的产业领域。对于我国的加工贸易企业而言，进入高新技术产业、战略性新兴产业、现代服务业当然是转型升级的需要，但是，这个过程应该是稳健的和持续的。虽然服装、电子等产业处于产业生命周期的成熟期和衰退期，但这是全球化的平均标准，实际上对于不同国家和区域，这个阶段有着显著的差异。对于发达国家而言，我国加工贸易的优势产业处于衰退期，但对于一些发展中国家或者金砖国家而言，我国的优势产业处于成长期，未来市场潜力巨大。对于中国的加工贸易企业而言，放弃优势不是明智的选择，因此，需要对产业发展阶段进行区域化定位，面对不同区域客户有效地升级转型路线，不可"一刀切"。产业发展阶段的精确定位，是我国加工贸易企业在转型升级过程中需要认真对待的战略性问题。

基于此，我国的加工贸易企业应当针对自身的主要贸易伙伴，对其产业发展阶段进行定位，为自身战略决策提供科学依据，对于处于衰退期的产业可以减少投入或者退出，对处于成长期或者成熟前期的产业可以加大力度进行投入，获得转型升级的基本动力。

总之，稳中求进战略是中国加工贸易企业的基本战略之一，其中，需要对订单、经济发展潜力、产业发展阶段进行定位，保证升级转型的稳定性、持续性和健康性。

第四节 立足创新战略

当前，贸易摩擦持续升温，技术贸易壁垒不断蔓延，外贸面临重重压力。要以质量为基础，培育自有品牌和国际知名品牌，推动有自主知识产权、自主品牌、自主营销渠道和高技术含量、高附加值产品出口。要抓住全球产业结构调整的机遇，依托资源和市场等比较优势和产业基础，主动承接国内外产业转移。进一步扩大产业转移承接区域，以重大产业化项目为重点，突出产业链和产业集群招商。

以四川省加工贸易企业为例，其在多年从事加工贸易的过程中，积累了技术经验，吸收和培养了一批技术骨干，在产品研发及取得自主知识产权方面获得了一席之地。如内资企业的代表成飞集团，通过多年的加工贸易积累了经验，参与了我国大飞机项目 C919 研发，并获得该项目机头及前机身段的生产订单。成都芯源公司主要从事集成电路、晶元检测业务，该公司从 2007 年进出口金额 1000 万美元发展到年进出口金额近 1 亿美元，实现了较好的经济和社会效益。应鼓励加工贸易向产业链高端延伸，延长加工贸易国内增值链。

加工贸易是后发地区高新技术产业发展的先导。后发地区高新技术产业的发展大多以外资加工贸易企业的植入为源头，通过产业集聚，上下游扩展，形成高新技术产业群。成都通过引入英特尔公司的示范效应和产业集聚，形成芯片研发设计、生产制造、封装测试的完整产业链。随着前期转移入川的加工贸易企业的建成投产，集成电路、太阳能电池、液晶显示器等新兴产业正成为引领成都高新技术产业发展和高新技术产品出口的龙头。

反观我国本土企业现状，无论是新兴产业集群还是传统产业集群，集群内企业创新行为普遍呈现出一种低端化、模仿化、同质化、个体化、偶然化的共性特征，表现出"集体创新能力缺失"的困境。从创新的活动内容来看，无论是技术创新、管理创新、市场创新，其聚焦多数着眼于成本降低型的能力和同质性生产规模扩大能力的获得，而产品质量的提升或产品差异化的创新能力缺失。从创新合作的角度来看，追求小而全的单打独斗型的创新活动，分工合作网络式创新缺乏；从创新战略的角度来看，普遍采取市场跟随和产品复制模仿的渐进性创新战略，主动适应市场需求的原创或突破性创新远远不足，而且缺乏高效创新流程管理和整合能力，不能构建企业内专业化研发部门而导致常规性创新能力的缺失。盈利是企业生存和发展的根本目的，无论是依赖模仿还是自我研发；无论是选择产品创新还是工艺创新；无论是立足渐进性创新还是突破性创新，都与企业创新活动的预期收益回报动机紧密联系。因此，企业创新的直接动力在于收益和成本的动态平衡。从深层次看，我国一些地方的产业集群发展属于一种低层次的"小企业群生型"模式阶段（陈佳贵、黄群慧，2005）。从专业化分工来看，以典型的同质产品+专业市场的横向分工，以及简单的生产链纵向分工，即传统的劳动密集型产业为主，呈现产业结构同质、企业规模偏小、分工协作人格化的特征。

要实现经济增长就必须获得足够多的资本投资，为打破发展的困境，一个可行的办法就是进行增量发展，在原有城市部门的政府行政体制之外，重新开辟一个地区，实施有效的产权保护和合约执行，来吸引资本投资。这就形成了经济特区或经济开发区。在全球资本和技术大规模向低成本国家转移的背景下，企业的技术行为选择可能是其获得良好绩效从而增强竞争力的主要途径。政府通过财政或金融政策扶持企业的技术改造升级活动；或者企业利用与开发区内外利益相关者之间的互动进行技术升级活动。当外资企业进驻开发区后，出于技术升级和改造的需求，会在外资企业之间、外资企业与本土企业之间、外资企业和本土劳动力、技术与管理人员之间产生各种相互作用，产业集聚效应逐步体现，企业的经济绩效和开发区的竞争力得到提高，最终演化成产业集群。

第六章　企业转型升级的路径研究

为了充分保证分析结果的科学性，课题组在项目开始之初就设计了一个包含 16 个大问题的调查问卷和相应的访谈提纲，并且拟定采取定性和定量相结合的方法对调查和访谈结果进行分析。为了保证分析结果的科学性，我们对样本的选择也做了充分的考虑，力图对各行业、规模、性质的企业都有所覆盖。

第一节　研究假设

一、加工贸易企业转型升级的可管理性分析

根据海关统计数据，黄埔关区有加工贸易企业 12245 家，其进出口总值占全关进出口总值的 70% 以上，约占同期全国加工贸易进出口总量的 10%。其中约 90% 的加工贸易企业又集中在东莞。2010 年，东莞地区加工贸易实

际进出口总值为 1010.73 亿美元，同比增长 22.66%；深加工结转进出口总值为 445.67 亿美元，同比增长 24.96%。从加工贸易企业结构来看，来料加工企业占比较高，2010 年东莞运营的来料加工企业为 3999 家，占总数的 41%；从产业结构来看，上下游产业链配套紧密、完整，已形成虎门服装、大朗毛织、清溪电子、厚街家具等一批产业集聚明显的规模化产业群。从全国来看，各区域开展加工贸易的时间先后不同，发展程度不同，因而转型升级的着力点也不尽相同。

从国外学者的研究来看，Ogbonna 和 Harris（1998）提出进行控制和管理。关于加工贸易企业转型升级的可管理性研究，国内学者张德（2001）提出企业应通过企业转型升级来带动经营管理全面工作的"牛鼻子"。学者们的研究表明，加工贸易企业转型升级是可以管理的，被动的加工贸易企业转型升级只能让转型升级流于形式，因此，对于加工贸易企业转型升级应该由过去的被动接受转为主动管理，而要通过转型升级推动企业发展，这就有必要提炼出影响加工贸易企业转型升级的要素。遗憾的是，国内现有的研究成果并没有指明要形成正向的加工贸易企业转型升级的影响要素究竟是什么，更缺乏相关的实证研究成果，而一些国外的研究成果由于研究对象的差异，其成果在我国加工贸易企业中的应用也具有较大的差异性。因此，破解我国加工贸易企业转型升级的"黑箱"，应该从企业外部环境因素和企业内部因素两个角度进行考虑（周施恩，2006），而这正是本书研究的出发点。

二、加工贸易企业转型升级要素的四个维度

从现有研究成果来看，这些研究成果的共性是对加工贸易企业转型升级的过程进行了描述，但并未提及转型升级的关键要素，因此，根据已有

的研究和本书的访谈结果，本书提出加工贸易企业转型升级的关键影响因素主要有以下四个方面：

（1）企业形态优化因素。从全国来看，各区域开展加工贸易的时间先后不同，发展程度不同，因而转型升级的着力点也不尽相同。包括来料加工，它是加工贸易较早发展起来的贸易方式。对存在形态转型需要的企业，支持其不停产就地转型。允许来料加工厂就地转型企业比照总署关于加工贸易企业搬迁业务的规定，按"同一企业"的处理方式，办理剩余料件，不作价设备结转和企业管理类别调整或保留等手续。给予转型企业"双号并轨运行"3个月的过渡期，有特殊情况的，经主管海关同意，可申请延期，但最长不超过1年。同时，采用集中审核的方法，便于企业办理不作价设备出资转型。对于享受转型过程中进口设备税收优惠政策，并需要以外商提供的免税不作价设备出资设立外资企业的来料加工装配厂，在2011年6月前通过商务主管部门批量审核报送企业名单及不作价设备清单，集中办理审批手续。因此，本书提出：企业形态优化是加工贸易企业转型升级的重要维度之一。

（2）市场结构优化因素。对存在市场结构优化需求的企业，帮助其用好国内、国外两个市场。推动加工贸易内销便利化，打通"由外至内"的道路。经企业申请，商务主管部门及主管海关审核批准后，在商务主管部门制发的《加工贸易保税进口料件内销批准证》范围内，允许企业先行内销保税料件或其制成品，并在内销当月内（最迟于次月15日前）集中办理内销征税手续。还应简化外发加工审批手续，打通"由内而外"的道路。引导国内企业进入加工贸易产业链，鼓励企业利用保税加工方式进行生产。对于外发业务频繁，但管理规范、诚实守法的企业，开展外发加工"集中审批"试点。在确保海关有效监管的前提下，对于省内跨关区开展外发加工业务的，研究经营企业免于缴纳相关保证金的可行性。因此，本书提出：市场结构优化因素是加工贸易企业转型升级的第二个重要维度。

（3）经营模式优化（环境嵌入）因素。支持保税物流建设。探索设立海关特殊监管区域和保税监管场所；利用好出口监管仓的现有"入仓退税"政策；积极开展对"两仓"和保税物流中心（B型）开展检测维修业务的研究探索工作；试点推动保税仓库和出口监管仓库向综合保税仓模式的功能整合，使仓库货物实现境内外双向进出，功能互补。鼓励保税服务发展。支持开展海关国际服务外包保税监管试点，积极推动服务外包企业承接国际服务外包业务。通过增强总部经济、物流的服务能力和支撑，促进软件开发、研发设计、数据处理、检测服务、物流配送等服务外包业务的发展。完善"三方联网"。通过运行加工贸易三方管理系统，企业一次录入，依次向外经、海关申报，实现商务、海关、企业之间加工贸易合同申请、审批、备案、核销的全程计算机联网。因此，本书提出：经营模式优化因素是加工贸易企业转型升级的第三个重要维度。

（4）自主知识产权结构优化因素。企业品牌意识增强，2011年东莞市有1221家加工贸易企业拥有自主品牌（母公司或东莞公司品牌），比2007年增加521家，拥有海内外注册品牌3042家，比2007年增加974家。传统优势产业是我国出口产品的支柱产业之一，在稳定劳动就业上具有举足轻重的作用。鼓励传统优势加工贸易企业引进关键设备进行改造提升，有利于加工贸易企业提高产品附加值，实现从贴牌加工（OEM）向设计制造（ODM）再到自主品牌营销（OBM）转变。实行先征后退办法，在一定程度上鼓励了企业购进设备，提升了自动化水平。但是，先征收17%增值税的做法，很大程度上造成了企业资金的积压，特别是对于全部产品出口的加工贸易企业。因此，本书提出：自主知识产权结构优化因素是加工贸易企业转型升级的第四个重要维度。

综上所述，本书提出以下假设并构建相应调查问卷进行检验分析：

H1：加工贸易企业转型升级由四个重要维度决定：企业形态优化维度、市场结构优化维度、经营模式优化维度、自主知识产权结构优化维度。

三、加工贸易企业转型升级要素对企业绩效的作用

Denison（1995）发展了一套转型升级和效能的明确模式：转型升级与企业的市场份额、销售增长率、收益率、员工满意度的等效能指标。本书欲在前人研究的基础上进一步了解加工贸易企业转型升级要素是否都能够对企业绩效产生正向作用，因此，本书提出以下假设：

H2：企业形态越优化，加工贸易企业转型升级越明确，企业绩效越高。

H3：加工贸易企业市场结构越优化，加工贸易企业转型升级越明确，企业绩效越高。

H4：加工贸易企业经营模式越优化与企业外部环境的嵌入力越强，加工贸易企业转型升级的方向越明确，企业绩效越高。

H5：企业自主知识产权结构优化性越强，加工贸易企业转型升级越明确，企业绩效越高。

第二节　研究样本

进行大规模正式调研抽样设计与问卷发放。样本对象主要为：加工贸易企业管理人员 CEO。回顾这个调研过程，在和企业接触中我们的最大体

会就是：企业家也迫切希望得到外界的支持和帮助，帮助他们借鉴、寻找转型升级的途径。

第三节　研究变量测量与研究方法

一、研究变量测量

主要是控制变量的选择与测量。由于研究中的关注点是企业转型升级对企业绩效的影响，而企业管理中影响企业绩效的因素还有很多，因此，在研究企业转型升级对企业绩效的作用中有必要引入控制变量，根据 Singh 和 Whittington（1976）、Dunne 等（1989）、Dunne 和 Hughes（1994）研究成果并参考 Lee 等（2001）与 Yusuf（2002）等的做法，本书将企业人数规模和年限作为研究的控制变量。

二、研究方法

由于结构方程模型独特的探索事物间因果关系的功能，本书采用 Likert 7 分制进行各项问题得分统计，应用结构方程中的 LISREL 模型对问卷调查中获取的原始数据进行分析。假设方向的正确性。

第四节　实证结果

一、数据质量评估

由于本书的调查对象涉及不同地区、不同管理层次、不同调研方式和不同的问卷回收时间，因此，首先必须对这些可能影响因素进行统计分析检验，排除其可能造成的偏差影响，才能进行下一步的研究。消除对所有调查结果进行不同调研方式、非响应偏差问题及不同身份填答方式所产生的影响。

二、测量模型检验

（一）样本 KMO 及 Bartlett 球形检验

表 6-1　加工贸易企业转型升级 Bartlett 球形检验结果

KMO		0.821
Bartlett 球形检验	卡方值	615.039
	自由度	136
	显著性	0.000

（二）样本测量模型的 CFA 分析及检验

对加工贸易企业转型升级维度的企业形态优化、市场结构优化、经营模式优化和自主知识产权结构优化四个维度数据二阶 CFA 分析（见图 6-1、表 6-2），表 6-2 中数据显示，加工贸易企业转型升级要素四维度的 α 值都超过了 0.8，大于 0.7，表明加工贸易企业转型升级要素各维度测量指标的样本数据内部一致性较为良好。

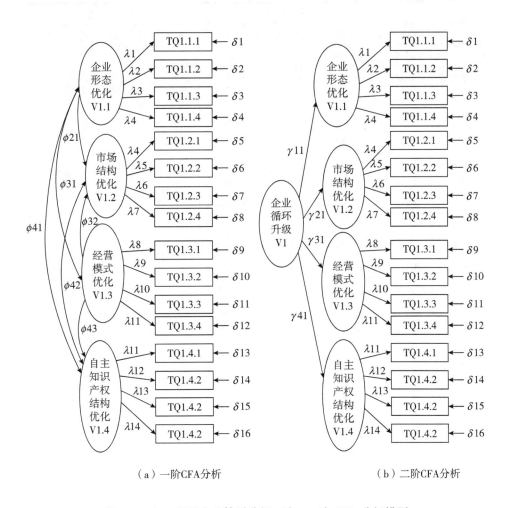

（a）一阶CFA分析　　　　　　　　（b）二阶CFA分析

图 6-1　加工贸易企业转型升级一阶、二阶 CFA 分析模型

加工贸易企业转型升级要素各维度相关系数矩阵和加工贸易企业转型升级的要素各测量维度区分效度如表 6-3、表 6-4 所示。

表6-2 加工贸易企业转型升级测量模型各指标

因子负载及指标与维度信、效度值

维度	指标	因子负载			信、效度值		
		T 值	完全标准化	R^2	α	ρ_C	AVE
企业形态优化 V1.1	TQ1.1.1	18.647	0.8243	0.6795	0.8766	0.8890	0.6677
	TQ1.1.2	14.322	0.8978	0.8060			
	TQ1.1.3	15.774	0.9017	0.8131			
	TQ1.1.4	13.466	0.7844	0.6125			
市场结构优化 V1.2	TQ1.2.1	12.945	0.8767	0.7686	0.8229	0.9032	0.7004
	TQ1.2.2	12.179	0.8123	0.6598			
	TQ1.2.3	12.903	0.8856	0.7843			
	TQ1.2.4	11.870	0.7848	0.5944			
经营模式优化 V1.3	TQ1.3.1	12.201	0.7847	0.5876	0.8429	0.8985	0.6892
	TQ1.3.2	12.771	0.8165	0.6667			
	TQ1.3.3	14.418	0.8574	0.7351			
	TQ1.3.4	12.520	0.8427	0.7101			
自主知识产权结构优化 V1.4	TQ1.4.1	12.217	0.8414	0.7080	0.8325	0.8818	0.6521
	TQ1.4.2	13.584	0.8877	0.7880			
	TQ1.4.3	11.682	0.7843	0.6151			
	TQ1.4.4	10.286	0.7916	0.6421			
	TQ1.4.5	12.535	0.8013	0.7159			
	TQ1.4.6	13.634	0.8461	0.6266			

注：AVE（Average Variance Extracted）：平均抽取方差。

表6-3 加工贸易企业转型升级要素各维度相关系数矩阵

维度	V1.1				V1.2				V1.3			
	非标准化	标准误	T 值	完全标准化	非标准化	标准误	T 值	完全标准化	非标准化	标准误	T 值	完全标准化
V1.2	0.6567	0.0608	10.81	0.6567								
V1.3	0.6754	0.0671	10.07	0.6754	0.7011	0.0602	11.64	0.701				
V1.4	0.5848	0.0617	9.478	0.5848	0.6855	0.0649	10.56	0.6855	0.537	0.0604	8.889	0.5368

表6-4 加工贸易企业转型升级的要素各测量维度区分效度

维度	V1.1	V1.2	V1.3	V1.4
V1.1	0.8171			
V1.2	0.6567	0.8369		
V1.3	0.6754	0.7010	0.8302	
V1.4	0.5848	0.6855	0.5638	0.8075

注：对角线上数值为 $\sqrt{AVE}$ 值，其余为相关系数。

（三）加工贸易企业转型升级二阶 CFA 分析模型

加工贸易企业转型升级要素维度的二阶 CFA 分析模型的因子负载，信、效度如表6-5 所示。

表6-5 加工贸易企业转型升级二阶 CFA 模型

二阶因子	一阶因子	一阶因子对二阶因子的负载				一、二阶因子信、效度		
		非标准化	标准误	T 值	完全标准化	R^2	ρ_C	AVE
加工贸易企业转型升级 V1	企业形态优化 V1.1	0.8019	0.0737	10.876	0.8419	0.6430	0.8664	0.6195
	市场结构优化 V1.2	0.7398	0.0861	8.5621	0.7398	0.5473		
	经营模式优化 V1.3	0.7230	0.0739	9.7833	0.7230	0.5227		
	自主知识产权结构优化 V1.4	0.8347	0.0687	12.143	0.7847	0.6967		

以上研究结果充分证明了假设 H1 的有效性，即加工贸易企业转型升级由企业形态优化、市场结构优化、经营模式优化和自主知识产权结构优化四个维度构成，分析结果如图6-2 所示。

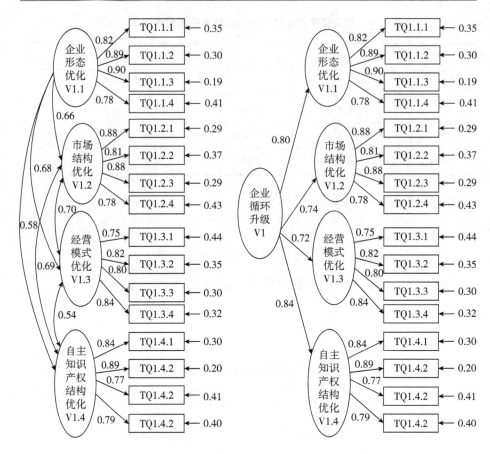

图6-2 加工贸易企业转型升级一阶、二阶CFA模型分析结果

三、加工贸易企业转型升级对企业绩效的作用检验

企业形态优化、市场结构优化、经营模式优化和自主知识产权结构优化对企业绩效具有正向相关作用，并且其作用强度是有差别的，企业形态优化的作用最显著，其次是市场结构优化、经营模式优化和自主知识产权结构优化（见表6-6）。

表 6-6 企业转型升级对企业绩效作用

假设	路径	非标准化	标准误	T 值	完全标准化	是否支持假设
企业转型升级对企业绩效的作用						
H2	企业形态优化→企业绩效	0.3122	0.0544	5.74****	0.3734	支持
H3	市场结构优化→企业绩效	0.3241	0.0610	5.31****	0.3162	支持
H4	经营模式优化→企业绩效	0.2540	0.0522	4.87***	0.2437	支持
H5	自主知识产权结构优化→企业绩效	0.2936	0.0701	4.19***	0.2854	支持
控制变量效应						
	企业人数规模→企业绩效	0.1446	0.0439	3.294****	0.1389	支持
	企业年限→企业绩效	0.1526	0.0553	2.76***	0.0954	支持

第五节 结论与启示

本书通过实证证实：作为企业转型升级的路径可以从企业形态优化、市场结构优化、经营模式优化和自主知识产权结构优化四个方面进行描述。在企业转型升级过程中不可忽视企业形态从低端到高端的作用，因为这种作用在目前依然处于决定性的地位。

一、企业转型升级必须具有市场结构优化的特征

因为市场结构优化为企业转型升级提供支撑，企业转型升级反过来又影响市场结构优化，然而，加工贸易企业实践中外向型经济往往注重国际市场，从而导致国际与国内市场不平衡的状况，市场结构优化没有呈现出其应有的效用反证了本书的有效性。

二、经营模式的优化对企业绩效具有正向作用

环境对企业转型升级的影响，包括企业生存所处的宏观和微观环境的影响，如国家政策、技术环境、金融法律环境、市场环境、社会评价、公平竞争、社会信誉等，企业转型升级应对环境的复杂性和紧迫性所带来的挑战和压力，企业对内要保持较高的整合度，对外要有较强的适应性，通过对企业主导价值观和经营理念的改革，推动企业发展战略和经营策略的转变，使企业转型升级成为蕴藏和不断孕育企业创新和发展的源泉，从而形成企业竞争力。从我们的调研案例中可以看到，国际成功的大型企业 EP-SON 在广州的分公司在精细管理方面是非常注意的。他们强调技术及细节，例如，成像精度的控制达到了极致，这样在让顾客视觉效果更舒适的同时，还使核心技术的市场占有率得到提升。当然，我们国内的一些受访企业也意识到了这个问题，在精细管理上做了非常多的努力，比如一家钢铁公司对钢水包的吊运高度也做了细致的分析，测算出最佳的起吊高度，从而节约了大量电费。广东欧浦钢铁物流公司（前身主要经营钢铁加工）通过此途径，在危机时赢得 100% 高增长。

三、自主知识产权结构优化正向影响企业

本书对我国加工贸易企业转型升级的启示是：第一，企业形态优化对企业转型升级的影响是决定性的，因此，企业从低端到高端，整合产业链是企业转型升级的重要因素。第二，市场结构优化单纯依靠出口转内销是不足的，否则转型升级就会流于形式。第三，经营模式优化是企业转型升级的基础，不改变经营模式则可执行性较弱，从而无从产生企业转型升级的效用。必须关注环境的变化，这与当前企业经营环境的多变性是一致的，只有通过引导员工主动关注企业外部环境的变化，企业才能够及时应对变化，化威胁为动力、机会。这一结论应当引起企业管理实践者的重视。重庆报喜鸟皮鞋从给国际知名品牌代工到利用学到的生产技术自主生产高档女鞋，以差异化竞争成就了其品牌。第四，这些基本要素可总结为三点：一为持续创新，企业在市场、产品和技术及商业模式方面具有持续创新的能力，以满足快速变化的客户需求。这是中国企业转型升级成功的重要基础。二为管理提升，企业通过引入现代管理手段与技术不断提升管理能力、降低经营风险。这是中国企业转型升级成功的衡量标准。三为提升人力绩效，让人尽其才。

四、相关企业案例

四川新立新公司进出口总额、出口额创出历史新高，2010 年进出口总额达到近 4 亿美元，较 2009 年同比增长 40.4%。公司出口额达到 3.8 亿美元，继续保持在全省居前的位置，列全省出口企业第 4 名（排名依次为英特尔、东方电力、东方电力设备和该公司）、全省商贸流通企业进出口第 1 名，全国纺织服装出口企业第 47 名。公司 2011 年第一季度出口情况较好。省商务厅以专题简报报道了公司 1 月出口实现开门红、单月出口创出近 5000 万美元的新高；进出口额 1 亿多美元，同比增长 23.3%，在全省重点出口企业中仍居于第 4 名的位置。

从 2011 年情况看，反映出各方面的困难和压力还是很大。一是市场压力。从主营品种看，面临着纺织、服装国际竞争力下降、市场转移（东南亚）等问题。二是成本压力。主要表现在：原材料价格大幅度上涨，其上涨之快、幅度之大为历年少见；工资成本大幅增加；由于环保限电、节能减排等造成动力成本（水电气热）提高；物流运输成本增加；由于实施适度紧缩的货币政策，贷款紧张、融资财务成本增加；行政成本过高，效率低、检查多，税费过重。三是政策压力。汇率、利率、税率、存款保证金、出口保险这"三率一金一险"都有政策调整的压力，由于实施适度紧缩的货币政策，贷款紧张、利率上调，央行自 2010 年 10 月首次加息以来，已经连续 4 次加息、10 次提高存款准备金率，存款保证金已提高到 20.5% 的历史高位，银行体系的宽裕流动性进一步收缩，仍存在 1~2 次继续加息或上调存款准备金率的可能。从 2005 年 7 月开始持续到 2008 年 6 月结束的第一次汇改期间，人民币对美元累计升值幅度达到 25.31%。自 2010 年 6 月二次汇改启动以来，人民币对美元升值幅度近 4%。2010 年 4 月 15 日人民币对美元汇率中间价报为 6.5301，再度刷新汇改以来新高。年内人民币兑美元汇率升值将达到 5%~7% 的水平。虽然面临重重困难，还是坚持看优势、树信心、促发展。

相关意见和建议：希望国家保持外贸政策的稳定性和连续性，比如保持出口退税政策的稳定性，以达到"稳出口"的目标。整顿经营秩序，加强鼓励出口的舆论导向。支持正规企业的经营。进一步提供出口信贷和信用保险支持。建议增加出口信用保险保费补贴比例，先退后补，支持企业进一步提高出口信用保险的覆盖面，为企业拓展国际市场护航。融资难更是一个大问题，特别是对中小企业，目前我们的生产厂家资金紧张的情况也会影响和波及公司。所以我们提出给有实力、有信誉的企业放松融资渠道，直接融资，比如发行债券或股票，这是一个值得考虑的方向。减少行政成本，给予外贸企业一个更有效率、更宽松便利的经营环境。在出口面临国际贸易保护层出不穷，原材料和人工成本大幅度上涨，人民币汇率持续升值挤压利润空间，绿色环保考验日益严峻等多方面制约的情况下，如何加强政府的推动力，切实提高行政效率，减少行政成本，对改善企业经营情况、促进出口有着重大的意义。行政成本过高，主要体现在各级各部门因为一些不合理的政策规定，造成效率低、检查多、收费项目多，企业负担过重，疲于应付。列举一些收费项目：电子商务网每年5000元服务费，反映多次没降低，其他类似软件最多1000～1500元。电子口岸预录入（QP）系统初装费2000元，每票再收取40元费用，偏高。报检系统除了榕基公司收取的年服务费1500元外，北京信城通还要收取每单票3元平台服务费，每年企业为此支出1万多元。很不合理。输欧盟纺织品产地证，每份30元，全年大约在4万～5万元，费用也比较高。海关执法抽查货物后收取验货费500～800元，且有时经办的货代不能收到发票。海关执法是行政职能行为，抽查有问题应予处罚，抽查无问题应予放行，收取验货费不合理。出口商品检测费偏高，如公司最主要的出口商品皮鞋，进行化学、物理检测的费用每票达1500元；法检商品项目过多，有的不太科学，如新增的化纤服装法定检测。办理领事认证时间较长（15天以上）、费用高，省贸促会收费约200～500元一份，加上送签费用，一份认证费用在1000～2000元。时间上也无承诺。

因此建议：一是建议行政部门进一步改善工作流程，提高办事效率。一些行政部门工作效率低下，个别工作人员对国家政策的理解程度、政策执行能力和服务企业的水平不高，态度较差。在很多行政事项办理中，虽承诺了法定工作日，但对资料的审核标准不一、服务态度不一，还是普遍存在门难进、脸难看、事难办的现象和消极不作为的情况。二是希望充分发挥协调机制的作用，帮助企业降低成本，解决困难。外贸出口牵涉方方面面的工作，而企业自身的协调能力有限，建议进一步建立和完善部门间协调机制，帮助企业解决一些具体的困难。希望大通关工作机制的建立能强化省内职能部门间的协作，强化与口岸相关部门的协调，帮助企业及时解决出口过程中遇到的问题。建议对出口规模大、信誉好的出口企业在报检、报关、退税、核销等方面给予优先办理，推行出口货物直通放行模式，降低企业经营成本，加快进出口速度。三是加强政策指导。希望进一步加大对企业的宣传、指导力度，帮助企业了解和吃透新的政策和要求。对重点企业予以倾斜和扶持。比如大企业大集团建设、绿色快捷通道、奖励政策等，通过抓龙头的方式培养优势企业，以优势企业的示范作用来带动外向型经济的发展。让企业少走弯路也体现了行政效率。四是进一步简化手续、减少各种税与费，推进贸易便利化。目前行政收费项目过多、过高，应减少行政审批和收费项目，降低行政服务费收费水平，杜绝商业收费行为。建议对涉及出口工作的各项税与费进行清理，该减则减，该免则免，切实减轻企业负担。商检方面，建议进一步减少列入商品检验检疫目录的法定检验商品；减少除儿童服装以外服装的检验项目；对全棉布实施非法检商品管理；降低检验检疫费用，取消一些法定检验项目，延长一些项目免检期限，或对出口量大、产品质量高、信誉好的企业，给予一些自行检测的权限。出口退税管理方面，目前实施出口退税备案制和函调政策，这些单证对办理退税意义不大，牵扯了企业大量精力、人力和物力，增加了企业退税成本，甚至造成一定的退税风险。希望能够简化或取消出口退税备案制和函调政策。贸易便利化方面，希望全面推行无纸化服务，给予或者对依法经营、信誉良好的企业予以评级和分类管理，以提高通关效率。新立新公司经过十年的快速稳定发展，加快发展的基础和条件已经形成。相信在各级领导部门的关心支持下，新立新将得到更好更快的发展，一定会为四川发展外向型经济、建成内陆开放型战略高地做出更大的贡献。

第七章 完善转型升级的政策和监管

第一节 宏观财政税收政策调整

一、稳步推进加工贸易税收政策的统一

加工贸易税收政策的统一，不仅有利于营造加工贸易的公平竞争环境，从长远看，更有利于规范加工贸易企业的运作模式和相关职能部门的监管，为加工贸易健康有序发展提供公平的政策和管理环境，促进加工贸易实现转型升级。在推进加工贸易税收政策统一的进程中，应注意以下问题：一是要做好与增值税转型后规范加工贸易税收管理的相关政策的衔接配合，彻底解决加工贸易企业进口设备征免税等遗留问题；二是政策出台应给加工贸易企业较长的过渡期，预留出充分的宣传辅导和过渡准备期，以减轻政策调整对企业结构调整及转型升级的引导作用；三是要为政策出台提供

完善的管理基础，包括完善与之配套的管理系统及各方面人力、物力的准备工作，确保政策调整的顺利实行。

二、尽快明确加工贸易深加工结转税收政策

加工贸易深加工结转税收政策一直未明确，各地做法不一，对加工贸易企业及税务部门的监管带来较大困扰，应尽快明确深加工结转业务税收政策及操作指引。此外，由于深加工结转业务缺乏海关电子数据，税务部门无法掌握出口企业深加工结转业务的有关情况，深加工结转业务已成为税收政策和基层税务部门的管理盲区，给基层税务部门的税源管理尤其是实行税务检查、纳税评估等工作带来了巨大困扰。海关总署和国家税务总局在深加工结转业务的有关数据、信息传递方面应加强协作，共同促进对深加工结转业务的规范化管理。目前，深加工业务不征、不退、免税的，没有正式的文件规定，只有具体的操作要求，没有最后明确免税的，应保证其健康稳定发展。

三、积极引导异地委托加工业务，实现加工贸易梯度转移

为鼓励东部沿海地区加工贸易转型升级，加工贸易税收政策应引导并扶持加工贸易产业向中西部地区梯度转移，充分利用目前加工贸易发展较快地区产业链条完善、配套成熟的区位优势和委托加工税收政策，通过放宽视同自产产品出口申报退（免）税的有关要求，适当把低水平的劳动密集型加工环节向欠发达地区转移，保留进出口贸易的服务环节，增加高新技术的研发、产品设计等产业的引进和投入，并逐步把商贸环节做大做强，从而实现加工贸易企业所在地和委托加工地共同发展的双赢。

国家外汇管理局在深入分析所面临的形势并总结管理实践的基础上，

提出了外汇管理理念和方式的五个转变：从重审批转变为重监测分析，逐步从较为依赖审批和核准的管理方式转变为重点加强跨境资金流动的监测分析和预警；从重事前监管转变为强调事后管理，逐步从事前逐笔审核转为事后核查和重点查处；从重行为管理转变为更加强调主体管理，逐步从按交易行为和业务性质监管转变为更加强调主体管理；从"有罪假设"转变到"无罪假设"，逐步从事前排查经济主体外汇收支的真实性转为事后举证查处违法违规经济主体；从正面清单转变到负面清单，逐步从法无明文授权不可为转为法无明文禁止即可为。以这五个转变为指导，外汇管理部门将对管理效率低、效果不显著的做法进行改革，争取在进出口核销、资本项目可兑换、数据和系统整合、主体监管等重点领域和关键环节取得突破，通过转变管理方式，在提升贸易投资便利化水平的同时，有效防范风险。

例如，深圳市外汇局在深入了解转型企业实际需求并充分征求相关管理部门意见的基础上，出台《深圳市来料加工企业原地转型设立法人企业有关外汇支付管理规定》，以满足转型企业支付见面设备结转款、余料结转款、进口不作价设备境内销售款及国内采购设备和料件境内销售款等需求。来料加工企业转型过程中存在向其外方投资者支付外汇的现实需求，但由于实际货物并未离境，企业无法按照现行贸易付汇管理规定提供单证办理对外付汇手续，外管局这项措施，创造性地解决了转型企业的外汇支付难题。外管局还加强与商务、海关、工商、税务、商检等部门的沟通，及时解决来料加工企业转型中出现的问题。深圳外管局多次派人深入宝安区、龙岗区、光明新区、坪山新区等加工贸易企业聚集地区，宣讲转型过程中涉及的新设外商投资企业、不作价设备转作投资等相关外汇政策。为320多家转型成功的企业办理了新设外商投资企业及验资询证手续。

汇率变动对不同行业的影响差异显著。一是对高科技企业总体影响较小。由于掌握价值链中研发设计和品牌营销两个高端环节，拥有自主知识产权的高科技企业抵御汇率波动风险的能力较强。二是对制造加工企业影响因进口成本占比、内外销比例不同存在较大差异。对于完全从事进料加工生产企业的影响不大；对于部分进料、部分国内购料生产企业的影响差异较大，如果原材料以国外进口为主，而产品以内销为主，企业将可以从人民币升值中获利；对于来料加工生产企业的影响有限。三是对外贸企业的影响主要取决于企业的议价能力。对于以出口低附加值产品为主的外贸企业，如出口纺织品服装、箱包鞋帽、玩具企业，受贸易保护主义和市场竞争激烈等因素影响，对外基本不具备议价能力，人民币升值将对价格这一核心竞争力造成较大冲击；对于具备一定议价能力的外贸企业，汇率波动的影响可由国内生产厂家和外商共同承担。四是对印刷包装企业形成一定利好。调查中企业反映，目前印刷包装行业有近80%的木浆和废纸依赖进口，而在行业生产成本构成中，木浆和废纸占了60%以上，人民币升值将降低生产成本，使企业受益明显。调查中，企业普遍反映2010年来招工难和工资、原材料价格上涨等问题十分突出，对企业的负面影响比汇率政策调整冲击更大。面对多重压力，被调查企业普遍担忧不同影响因素的叠加效应。

第二节　关于促进加工贸易企业转型升级的措施

一、完善社会保障体系

中国经济的出口依存度在所有大国中最高，在当前国际金融危机的不利情势下，保出口以保经济、保就业，确有必要。特别是劳动密集型产品出口吸纳了数以千万计的劳动力，其生产厂商普遍是规模较小、抗风险能力弱的加工贸易企业，若大面积倒闭，对地方经济和社会安定会造成重大冲击。本轮金融风暴先是影响我国中间的实体经济，然后向两头蔓延，即大批企业倒闭，向上影响到金融领域，使银行出现大批呆坏账；向下造成大批失业人员，直接影响到普通民众的生活。如果这种情况发生，将直接暴露出中国社会经济的软肋——社会保障的不足。主要表现为：保障水平低，保障范围小，保障体系不完整。即使按最宽泛的统计口径，目前中国能够享受到某种社会保障的人口也不过占总人口的20%。所以，在国家目前财政和外汇储备尚有能力的情况下，加紧建设社会保障体系应该是对抗金融风暴的主要手段。

二、以鼓励引导的方式推动加工贸易转型升级

首先，制定优惠政策措施，对从事鼓励类产业的加工贸易出口产品，可以实行全额退税的优惠政策，调整加工贸易产品内销补税政策，对采用国产化料件替代进口料件的加工贸易可予以减免部分税收，以鼓励加工贸易企业国内采购的积极性。完善加工贸易商品分类管理，严格控制"两高一资"产品出口。根据国家宏观调控和节能减排目标要求，商务部会同有关部门先后11次调整加工贸易禁止类目录，6次调整限制类目录。在继续发展传统优势劳动密集型加工贸易的同时，严格控制高耗能、高排放和过多消耗国内紧缺资源的加工贸易。鼓励电子信息、生物、新材料、环保节能和新能源等新兴产业加快发展。完善加工贸易生产能力核查制度，严格审核加工贸易企业经营及生产能力。

其次，可在财政领域设立引导加工贸易企业转型升级的专项资金、提

高银行对企业的信用贷款力度、在政府的技术改造专项资金和科技三项经费等领域，将转型升级的加工贸易企业纳入扶持范围。及时调整加工贸易政策，有效应对国际金融危机。商务部会同有关部委及时果断采取一系列有效措施，改善了企业的外部环境，减少了资金占压，明确了企业预期，增强了企业应对能力，为实现外贸稳定增长起到了重要作用。措施包括暂停加工贸易限制类保证金台账"实转"，大幅度调减加工贸易限制类、禁止类目录，出台便利内销措施，推动来料加工企业加快转型等。

最后，鼓励民营经济发展加工贸易，加快批复民营企业从事加工贸易业务，政府科技主管部门将属于高新技术类的加工贸易企业纳入认定范围，令高新技术类加工贸易企业享受相应的优惠政策。产业集聚规模显现。通过承接产业转移，我国已成为全球电子信息、家电、通信等重要产业的制造中心，在长三角、珠三角地区，已经形成完善的配套产业集群，呈现出大企业为龙头、中小配套企业共同发展的良好格局。产业链条不断延伸。加工贸易深结转业务不断扩大，产品配套生产能力、供应能力不断增强。2010年，加工贸易国内采购和增值达3229亿美元，占加工贸易出口的比重从2006年的37%提高到43.6%。加工制造深度提高。已从最初的单纯加工逐步转变为"设计+生产"，部分企业实现从贴牌生产向创立品牌转变。东莞加工贸易企业设立研发机构的数量占全市总数的40%。梯度转移势头良好。中西部地区44个重点承接地的加工贸易占整个中西部地区加工贸易的比重超过40%。2010年，中西部地区加工贸易进出口平均增长47%，高于全国加工贸易增速的20%，占全国加工贸易进出口比重从2006年的2.5%提高到4%。

加工贸易企业入区入园集中管理情况及问题。目前各类海关特殊监管区域有100个，批准面积约200平方千米，其中以开展加工贸易业务为主的出口加工区 56 个, 批准面积 133 平方千米, 实际封关面积 74 平方千米。目前区内企业以大型外向型企业为主, 约 2000 家, 占加工贸易企业总数的 1.6%, 出口额占 19.4%。区外企业近 11 万家, 分布在除西藏外的全国各省市, 集中在珠三角和长三角。以现有区域数量和容量, 不可能容纳区外众多的企业入区发展。以最早发展加工贸易的广东为例, 加工贸易出口占全国的比重为 37.9%, 3.3 万家加工贸易企业中 99.1% 都在区外, 区内企业不足百家。其中, 东莞加工贸易出口占全国的 8%, 但没有一个特殊监管区域, 1.3 万家企业遍布全市各区镇, 无法实现企业入区经营。此外, 从特殊监管区域的政策和功能设计看, 也难以满足企业面向国内外两个市场、两种资源的需求。考虑到加工贸易在海关特殊监管区内外分布的实际情况, 短期内加工贸易企业难以全部入区经营。可采取试点方式, 总结经验, 稳妥推进, 引导增量逐步向海关特殊监管区域集中。同时提高区外加工贸易企业准入门槛; 进一步研究内销便利化措施, 支持加工贸易企业开拓国内市场, 提供相关配套政策措施; 利用多种政策手段, 鼓励加工贸易向产业链高端延伸, 加快加工贸易转型升级步伐。

近年来, "走出去" 实现跨越式发展, 不仅业务增长速度快, 大项目多, 而且市场与资源同步推进, 特别是 "走出去" 已由过去单个项目的建设逐步发展为区域化、集群化开发新模式, 2002~2010 年我国非金融类对外直接投资由 27 亿美元增至 590 亿美元, 年均增速 47%。对外投资流量世界排名由 2001 年的第 23 位升至 2009 年的第 15 位。截至 2010 年底, 我国对外直接投资累计超过 3000 亿美元, 分布在全球 177 个国家和地区, 设立境外企业 12.6 万家, 资产总额累计超过 2 万亿美元。企业跨国并购日益频繁, 全球范围内获得能源资源、营销网络、研发机构、品牌技术的能力进一步增强, 集群式 "走出去" 有益尝试, 信贷资源工程 "一揽子" 合作方式深入开展。民营企业异军突起，地方投资热情不断高涨，对美国、日本、欧盟、澳大利亚等的投资快速增长。2009 年非金融类的对外直接投资企业实现销售收入 4420 亿美元，其中利润总额 298 亿美元，境内投资者通过境外企业实现进出口 1636 亿美元，其中出口 505 亿美元，年末境外企业中方就业人数达 53.2 万人。"走出去"与"引进来"协调发展，对外投资与引进外资之比由 2001 年的 1∶6.8 降至 2010 年的 1∶1.8。企业竞争力逐步增强，一批跨国公司初具规模。

"走出去"在有力推动国内经济社会发展的同时，也为深化我国与世界各国友好合作关系，实现中外双方互利共赢做出重要贡献。2009 年境外中资企业实现境外纳税 106 亿美元，解决当地 85 万个就业岗位。我国企业在东道国投资合作，有力促进当地相关产业、技术升级，帮助培养大批当地急需的建设型人才。广大对外承包工程企业在全球特别是发展中国家承揽众多惠及民生的优质工程，改善了当地交通及基础设施。大部分境外中资企业在东道国认真履行社会责任，义务修路搭桥，热心从事医疗教育等公益活动，得到当地政府和人民由衷赞誉。

但是，"走出去"主体实力不强，跨国经营程度和水平不高，国际化经验不足，中高级管理人才缺乏；对外投资结构和领域不够优化，国有品牌、技术、标准等"走出去"尚待时日。企业对国际形势和外部环境的判断和把握能力有限，对东道国法律法规缺乏了解，风险防范意识不强，应对突发事件和负面舆论的手段有限；企业经营行为有待规范，社会责任意识薄弱，守法意识不强，在安全和责任建设方面存在一些问题，政府有关部门审批事项较多，公共服务有待加强，财政金融等政策支持力度尚显不足；行业组织服务管理协调职能欠缺，金融行业国际化程度不高，投资中介机构亟待培育。

三、提高加工贸易产业水平，优化加工贸易产业布局

要通过政策引导，促使劳动密集型加工贸易从东部地区向中西部地区转移，优化加工贸易产业布局。充分利用东部沿海地区和中西部地区各自优势，形成互补的加工贸易模式。中国加工贸易的发展模式正朝着两个趋势发展：一是东部的加工贸易方式的转化，即劳动密集型的加工贸易向中西部移动；二是东部的原有劳动密度较大的加工贸易逐渐转型，向资本及技术密集型过渡。随着产业结构的调整和高科技手段加工方式的大量利用，以及管理模式的不断进步，原有的东部沿海地区的加工贸易产业已经不需要以往那么多的劳动力支持，而且东部沿海地区的劳动力成本相对高昂，许多企业已经考虑将一部分加工贸易向劳动力成本相对较低的中西部转移。而中西部地区发展相对比较落后，工业基础相对薄弱，资本集中程度和技术密集程度与东部沿海地区的加工贸易企业有较大差距，但其优势在于劳动力相对充足，单位劳动力的成本也相对较低，政府应出台相应的政策，引导东部沿海地区的加工贸易企业向中西部转移。这既可以充分利用中西部地区充足的劳动力资源，又可以带动中西部地区的经济发展，缩小东西部地区在经济发展上的差距。同时，也可以利用我国劳动力资源丰富的优势，延长劳动密集型加工贸易在我国的寿命。

东部利用与东盟各国的机遇在国际市场中站稳脚跟。我国东部沿海地区应利用交通便利的优势和"十二五"的政策优势，充分把握与国际市场接轨的大好机会，发展加工贸易合作，创建有中国特色的充满自主研发活力的行业新风向并全面打开国际市场的新局面。在这样的有利环境中，东盟主动与中国签订的"10+1"合作项目已经取得很大成绩；而中国内地与香港建立的紧密经贸关系（CEPA）也更加牢固紧密，国际、国内的这些利

好因素都为我国尤其是东部沿海地区的加工贸易转型升级提供了发展的良机。

目前，在我国加工贸易行业中出现了基地化产业的新模式，行业中的相关企业集中形成大规模加工基地，出现了企业间谋求合作、共同寻求发展的新趋势。由于内地市场与港澳市场全面接轨，并放宽了相关政策，使双方的相互服务、相互配合的观念增强，做到了市场自由流动的全方位服务，港澳特区的服务企业可直接到内地开发区的大规模生产基地开设经营机构，这样内地的加工贸易集中化又带动了多年没有发展的香港服务业，使其有了新的动力。而内地市场单一加工产业链也开始带动其他行业市场的发展，集中整合并最终形成加工生产与服务一体化的产业链，相互扶持相互发展。这种模式推动了生产经营的发展，缩短了加工中的时间间隙，节约了生产企业和经营企业的交易成本，找到了更广阔的利润空间，为企业生命力注入了新的活力。与此同时，整个区域的经济贸易大环境将会出现很大程度的改善，而这个区域在市场的竞争优势也会呈现出巨大的提升。

我国加工贸易的发展应因地制宜，制定战略规划应针对不同区域的比较优势，使加工贸易具有地区特色。由于东部地区的劳动密集型加工贸易发展空间小，并且已经趋于饱和，鼓励其向中西部地区转移，促进中西部地区就业与经济的发展。政府在梯次转移中要体现区域间的政策落差，给不同地区以不同的加工贸易管理模式。加工贸易的区域不仅应在我国境内形成东西互补的发展局势，未来还要升级到境外加工市场。我国可以将具有一定优势的加工贸易产业转移到那些劳动力成本更低、市场发展潜力更大的国家和地区，使之成为我国的制成品出口基地。这样做主要有以下几点好处：首先可以消化传统技术和转移过剩的加工能力，促进产业结构和产品的调整；其次可以出口我国的技术、设备、劳务和产品，推动传统工业向更高层次发展，开展境外加工贸易还可以培育新的出口增长点，可以通过产品原产地的改变，改变我国同一些国家存在的双边贸易不平衡问题，缓解贸易摩擦；最后也可将我国已不具有竞争优势的产品转移到其他国家，使产品的生命周期得以延长，减少国内加工贸易转型升级过程中因资产专用性问题造成的损失。据统计，2006 年中西部地区加工贸易出口额仅占全国加工贸易出口的 2.6%。这一数据足以说明中西部地区加工贸易的落后。针对这种不平衡的情况，中国政府正在大力提高中西部地区的配套环境，以承接东部沿海地区的加工贸易转移。

中西部地区已做好了承接加工贸易由东至西的转移，国家政策使中西部地区承接加工贸易具有了前所未有的优势。加工贸易的产品往往销往国外，外商往往又对产品、设备有较高的要求，这样，就可以带动设备及出口产品的不断升级。国家的政策正在不断培育加工贸易的增长点，而配套环境则是决定加工贸易由东至西转移速度的重要因素。中西部地区的加工贸易要想得到迅速发展，还应该在某些方面逐渐提高自身的优势。如加快基础设施建设（如通信、交通）等直接关系到企业与外部的联系，改善交通不便、运输周期长、环境条件相对较差等影响招商引资的不利条件；在吸收东南沿海先进运营经验的同时，因地制宜，发挥自身优势，探求新思路、新模式、新措施，进一步扩大开放；充分利用西部地区煤炭、电力、水资源等优势，以及牧业加工、农产品加工、矿业加工等方面的优势，形成新的贸易增长点；加快人才的培育和引进，尤其是支持科研和教育事业的发展，为中西部地区的经济发展提供智力支持。

我国加工贸易转型升级还应该"有取有舍"，找到我国加工贸易转型的突破点，有的放矢地实施重点突破战略。例如，从地区层面来说，可以将加工贸易发展比较好的珠三角、长三角作为突破口，利用珠三角、长三角与中国香港、东南亚等联系紧密的优势，发挥珠三角相关产业的带动作用，从新路径对加工贸易进行转型升级。

在我国，加工贸易企业已经形成产业集群，并成为地区特征。目前以珠江三角洲、长江三角洲为代表的沿海地区本身具有加工贸易转型升级的内在压力机制和运行机制。这种压力机制的来源就是沿海地区劳工成本的急剧提高，它们需要产业结构升级和产业转移。加工贸易行业的革新将从三种新途径进行。以珠三角地区的经济转型为例，自 CEPA 实施以来，珠三角地区的加工制造基地已经呈现出三种新的革新途径，并取得了重要成效。第一，服务行业完全与制造业融合，形成了全新的产业链条，相互扶持，行业间的相互革新体系形成；第二，通过各种渠道引进的高科技含量的新加工技术被行业接受，并成为行业的迫切追求，传统轻型加工业也放弃了粗放经营的旧模式，进行了彻底的技术改造的升级；第三，技术不断发展融合，衍生出一些有地区特色的新兴产业和高技术产业，这些产业不再是简单的加工制造，而是有了自主知识产权的高科技新产业。珠三角地区的革新成果的实质是有效地将港澳的国际化服务优势、跨国财团的技术支持和资金支持、政府配以优惠的政策导向，综合成为本地区产业结构转型升级的指向标，并展现出多元化的国际合作新模式。这种新模式的产生，为珠三角地区经济的进一步发展提供了动力，为该地区在国际市场的竞争打下了坚实基础，为全国的产业结构调整树立了榜样。这个良好的开始还有待于在激烈的国际竞争中接受考验。多方的国际贸易合作为开发区加工贸易的转型升级打开了广阔的市场空间，有些成熟的加工制造企业完成了升级，科技含量的提升让企业甚至可以把相关的加工环节转移到东南亚地区，实施境外加工贸易战略，以降低成本，让企业有更多精力进行新技术的开发和实验。

而下面几方面因素的存在使我国沿海地区加工贸易的转型升级成为可能：一是当前经济全球化所导致的全球生产网络的发展。在其中，跨国公司处于全球生产网络的主体地位，它们处于价值链的最高端，拥有核心技术与强势品牌，为发挥全球各地区的优势，通过海外直接投资建立自己控制的子公司，或发展战略联盟等形式，将大量业务外包给具有生产优势的地区和企业，或与一些地区和企业合作研发与生产，这其中不乏有大量高端业务的存在。这为我国相关企业承接较高端加工业务环节提供了市场机会。二是目前我国沿海地区的基础。经过 40 多年的改革开放和快速发展，我国沿海地区在商业理念与商业文化、基础设施、人才素质、企业技术水平及经营管理能力等各个方面，尤其是拥有与海外企业长期合作的经验，已具备了参与全球生产网络开展高端业务生产与服务的能力。三是我国中西部条件。我国中西部资源丰富、劳工成本相对较低，随着国家对中西部实施的开发与振兴政策及其自身在基础设施等方面的发展，中西部有条件和能力承接沿海地区所转移的产业及较低端加工贸易业务。四是中国与发展中的落后国家的良好经贸关系的建立与发展。例如，中非关系的发展，为中国开展境外加工贸易业务提供了有利的区位优势。当然，地区层面加工贸易业务的转型升级也要以企业层面的转型升级为基础，同时国家的政策是推动地区层面加工贸易转型升级不可忽视的重要因素。

四、加快"走出去"的步伐

　　一是构建法律法规体系，加快制度设计和政策制定。深入推动对外投资合作便利化，推动管理体制改革，逐步实现对外投资由行政审批向登记备案过渡。出台战略性的指导文件，完善财政、产业、金融、外汇等政策促进体系。研究制定加速我国企业境外融资进程的指导意见，促进对外投资合作可持续发展。深入研究企业社会责任内涵，指导行业组织发布中国企业海外社会责任自律公约，引导其将履行社会责任常态化、制度化。

二是继续完善政府公共服务和社会中介服务，营造良好环境。完善对外投资合作信息服务系统，定期更新发布指南，实施人才培养工程，推动政府和社会共同开展对外投资合作的政策和业务培训。着力培育一批对外投资合作咨询服务机构，加强行业协会组织建设，大力发展境外中资企业协会。充分利用好政府间合作机制，加强与外方的协调和沟通，推动解决企业对外投资合作中的困难和障碍，切实维护企业合法权益。主动参与国际规则修订，推动中国标准"走出去"，争取更多有利于我国的话语权。加强新闻宣传，提高舆情跟踪监测和应对能力，营造积极有利的舆论环境。

三是做好战略规划和宏观指导。从全局角度统筹规划战略布局，制定重点国别、重点领域的投资合作规划和产业导向，鼓励符合国外市场需求的企业有序向境外转移过剩产能，支持有条件的企业收购境外知名品牌、营销网络和研发机构。以对外投资合作"十二五"规划的编制和实施为基础，完善规划布局，加强产业导向，鼓励符合国外市场需求的行业"走出去"，有序向境外转移过剩产能，支持有条件的企业在境外建立物流中心。协调好重大项目，对周边国家国际大通道建设、境外重化工园区建设等具有重大、长远战略意义的项目给予重点规划、支持和指导。紧密依靠国务院各有关部门、各省市自治区及企业，创新管理体制，形成一套行之有效的对内对外工作模式。

第三节 完善海关监管措施

应完善海关特殊监管区域的出口退（免）税政策。海关特殊监管区域类型繁多，功能各异，配套政策及相关规定较多，基层税务部门及出口企业对各类型特殊监管区域的功能划分及有关规定较为模糊。应适当整合部分功能相似的海关特殊监管区域，根据进出监管区域的货物流向制定统一的税收政策，以规范对特殊监管区域的税收管理。此外，通过完善出口加工区、保税港区等特殊区域的税收政策，扩大入仓退税试点范围等，引导加工贸易企业入园入区，不仅有利于加强政府职能部门的监管，提高管理效率，也有利于提升加工贸易的产业集群效应，促进现代物流业和区域外贸经济发展，更好地发挥加工贸易的经济带动与关联作用。

应调整有关税收幅度，降低加工贸易企业国内采购的成本。在统筹考虑出口退税政策的基础上，统一各种贸易方式下国产料件出口的退税率，对来料加工企业使用的国产料件给予出口退税，来料加工企业使用国产原材料视同出口。允许以外汇结算，给予出口退税。同时在税收政策上体现出适当的差异性，对使用国产料件代替进口料件的加工贸易企业，给予部分税收优惠，从而引导加工贸易企业更多地采用国产料件，促进原材料、零部件、设备的出口，提高加工贸易产品的国产率。

应整合规范海关特殊监管区，进一步拓展特殊监管区功能。海关总署服务于转变外贸发展方式，促进加工贸易企业转型升级的基本思路是：围绕科学发展的主题和加快转变经济发展方式的主线，以加强海关能力建设为核心，以转变海关职能实现方式为途径，以推进海关大监管体系建设为载体，不断优化海关监管和服务，实现有效监管与高效运作的有机统一，努力建设适应我国对外贸易发展要求的现代化海关。一是转变管理理念。转变海关职能的实现方式，提高监管能力，首先要转变管理理念。①海关要将以往把管理的目光盯着企业转向"由企及物"，通过管好企业来实现管住货物。这既是在保证监管质量的前提下，提高通关效率的根本性措施，同时也与国际海关的通行做法相一致。②海关服务的重心要由以往重出口轻进口转变到进出口并重上来。充分认识到扩大进口对促进转变经济发展方式、调整产业结构、改善人民生活的积极作用，要在有效监管的前提下，不断提高进口通关效率。二是拓展监管时空。目前进出口货物监管主要集中在口岸通关一线，造成通关货物拥堵。既难以保证监管质量，也延长了企业的通关时间。要在风险管理的基础上，通过强化后续管理，按照企业的风险等级，实行分类通关，使高诚信企业享受便捷通关优惠待遇，从而提高监管质量和通关效率。三是发挥政策优势。海关特殊监管区域和保税监管场所建设对于促进当地经济发展和降低企业进出口成本有着独特的政策优势。因此，不断规范和发展海关特殊监管区域和保税监管场所建设，始终是海关服务经济发展的一项重要工作内容，当前尤其要加快对特殊监管区域的功能整合和政策叠加工作，加大区内外企业的政策落差，进一步提升其对外向型经济发展的促进作用。四是服务转型升级。要充分发挥保税贸易在促进经济结构调整和产业结构升级中的作用，不断改进和创新保税贸易的监管模式和监管手段。根据国家的产业政策和贸易政策，对不同的保税货物实行差别化管理，引导和促进保税贸易向高附加值、低能耗、环保等领域的转移；支持保税企业有效利用好"两个市场"，推动我国加工贸易政策导向由"两头在外"向出口与内销"两头兼顾"转变。五是完善预警监测。海关统计是国家的对外贸易统计，全面及时准确是其独有的优势。在国际竞争日益激烈的背景下，及时掌握进出口动态信息，不断提升和完善进出口预警监测能力，在服务领导决策和促进外向型经济发展上有着重要的作用。六是加强海关国际合作。目前中国海关已与世界上70多个国家和地区的海关建立了合作关系，积极参与世界海关组织、亚太经合组织、亚欧会议、中国—东盟等多边和区域合作平台，并在世界海关中建立起良好的影响能力。要充分利用这一有利条件，积极服务于国家"走出去"发展战略和"自由贸易区"发展战略，发挥海关职能作用，积极维护国家核心利益，为我国企业出口争取应有的权益和更多的贸易便利。

基于上述基本思路，在努力做好现有工作的基础上，海关将采取的具体工作举措主要有：一是全面推进海关大监管体系建设。按照加强制度的顶层设计，全面提高海关整体监管效能的要求，海关全面推进以建立综合监管模式为核心的海关大监管体系建设，实现海关监管时空的前推和后移，通过管理体制、机制和手段的不断优化和完善，推动海关职能实现方式的转变，整体提高海关实际监管效能。紧密结合国家、地方和部门的"十三五"发展规划，在口岸建设、特殊监管区域和保税监管场所建设上，制定有针对性的措施支持外向型经济的发展；同时继续深化署省合作长效机制建设，及时了解各个地区经济发展的新情况、新问题，及时调整海关支持地方经济发展的新措施，促进形成优势互补、分工协作、均衡协调的区域开放新格局。二是积极促进扩大进口。按照中央"进口和出口并重"的决策部署，着手海关相关管理制度的梳理工作。按照凡适应于出口环节的便利措施原则上应适用于进口环节的要求，提出"7×24"小时预约通关适用于进口环节的相关配套措施。同时，进一步深化分类通关改革。在目前15个海关开展进口货物分类通关改革的基础上，加快将进口分类通关改革试点范围扩大至全国海关的改革步伐。扩大贸易便利化措施的适用范围。扩大"担保验放"管理政策的适用范围；扩大推行"集中申报"通关模式和"属地申报，口岸验放"模式，加快电子口岸建设和无纸化通关改革。三是完善加工贸易管理。积极推动加工贸易内销便利化。调整加工贸易"两头在外"的固有理念和管理模式，重新明确内销的政策定位。出台《中华人民共和国海关加工贸易及保税监管货物完税价格审定办法》，规范和优化加工贸易产品内销管理。根据国家产业政策和区域协调发展要求，积极推动加工贸易内销鼓励类商品目录的制定，争取实现对列入目录的商品简化内销审批流程，改为直接由海关按现行规定办理内销征税手续。加强对加工贸易转型升级的规划指导，明确政策导向，健全法律法规。改进监管政策措施，积极支持开展服务外包、检测维修等服务贸易，引导加工贸易向产业链条高端延伸。鼓励跨国公司将其国际配送中心、采购中心向中国转移，鼓励加工贸易企业建立独立的研发机构。四是发挥好特殊监管区域对经济发展的促进作用。积极引导加工贸易向海关特殊监管区域集中。要完善海关特殊监管区域准入、退出机制，支持、引导地方政府合理申请、利用海关特殊监管区域；加快拉大海关特殊监管区域内外政策落差的研究，对区内外实行差别化管理，引导加工贸易向特殊监管区域集中。五是加快推进经认证的经营者（AEO）制度。按照国际海关间的合作规定，经海关认证的经营者可在通关过程中享受便捷的通关待遇。通过加快 AEO 制度建设，可以使我国的 AEO 企业在开展国际贸易活动时享受更多的贸易便利，提高市场竞争力，从而提高我国企业的国际竞争能力。六是扩大进出口商会预审价、预归类和原产地预确定服务。七是改进和完善进出口预警监测工作。进一步扩大预警监测商品的范围，提高时效性；加强对国家外经贸政策、产业政策变化及国际政治经济形势变化对我国进出口贸易的影响分析，提高预警监测的针对性和服务能力。八是积极拓展海关国际合作的广度和深度。积极推动国际海关间的"监管互认、执法互助、信息互换"机制，提高贸易便利化的质量和水平；进一步加强与港澳海关的沟通配合，扩大跨境快速通关系统的试点应用范围。积极探索推进外派海关专员制度，利用国际海关合作机制，为企业实施"走出去"发展战略提供当地海关的通关政策服务，协助解决通关困难和纠纷；利用国家间自贸区海关监管制度谈判，积极支持企业扩大与自贸区伙伴国的进出口。九是继续保持打击走私违法活动的高压态势，为我国对外贸易的发展创造公平、稳定、和谐的市场环境。

转变外贸发展方式存在的主要问题：从思想认识上看，"重数量、轻质量，重规模、轻效益，重出口、轻进口"的观念仍未从根本上扭转，转变外贸发展方式依然存在较大的认识障碍。从贸易趋势上看，对外贸易不平衡。连续十多年的贸易顺差，使我国积累了大量的贸易盈余，既导致我国对外贸易摩擦加剧，又使我国外汇资产安全风险迅速加大。这样的情况还将持续一段时间。从政策上看，扩大进口的政策支持力度有待进一步提高，实质性的鼓励进口政策仍然不足。加工贸易的管理理念和政策仍停留在"两头在外、大进大出"的价值取向上，与目前中央关于有效利用"两个市场、两种资源"的要求存在一定的差距，造成我国外贸依存度过高，企业过分依赖国际市场，并产生贸易不平衡等诸多问题。从布局上看，加工贸易的产业布局现状不适应区域经济协调发展的要求。我国加工贸易的90%、特殊区域的80%、保税物流中心的70%集中在东部沿海地区，与当前国家区域协调发展战略的总体要求和向中西部地区产业转移的要求还有很大差距，对内陆边境地区的投入和政策性倾斜仍显不足。从口岸建设上看，随着我国对外开放程度不断深化和规模不断扩大，口岸设施长期投入不足与口岸运量持续快速增长的矛盾越来越突出；对外贸易快速发展与口岸监管力量不足的矛盾越来越突出。表 7-1 为我国不同临港保税区的比较分析。

表 7-1　我国不同临港保税区的比较分析

类型	主要功能	优惠政策	特点	实例
保税港区	保税港区将口岸区、保税区、出口加工区、保税物流园区融为一体，具有港口、国际中转、国际配送、国际采购、国际转口贸易和出口加工等功能	享受保税区，出口加工区，保税物流园区、港区的政策。主要税收政策可概括为：境外货物入港区保税；国内货物入港区视同出口，实行退税；港区内企业之间的货物交易不征收增值税和消费税	保税港区既不同于"港"，也不同于"区"，兼有"港"和"区"的双重特性，具备"自由港"特征	上海洋山保税港区、大连大富湾保税港区和天津东疆保税港区
保税物流园区	主要有两种模式：①区港联动的保税物流园区；②内河港的保税物流中心。主要功能：保税仓储、全球采购与配送、国际中转和转口贸易	保税物流园区除事受保税区在免征关税和进口环节税、海关特殊监管等方面的政策及港区原有的政策外，在税收政策上，还叠加了出口加工区的政策，即实现国内货物的进区退税等	园区内货物可以自由流转；园区内不得开展商业零售、加工制造、翻新、拆解及其他与园区无关的业务	上海外高桥保税区、天津保税区、青岛保税区、宁波保税区、大连保税区、张家港保税区、厦门象屿保税区、深圳盐田港保税区
保税区	主要功能：保税仓储、国际贸易、出口加工和商品展示	实行更加开放的企业准入制度；海关监管高效便捷；外汇支付自由；竞争性的税收政策	各保税区在实践中逐步将物流分拨作为主要功能进行开发，并由此带动周边区城物流业的发展，这是保税区的一大特点	上海外高桥、天津港、大连、青岛黄岛、张家港、宁波福州马尾、厦门象屿、广州、深圳沙头角、深圳福田、深圳盐田、汕头、珠海海口等
出口加工区	出口加工区实行全封闭卡口式管理。主要功能：出口加工	由境外进入出口加工区的原材料、元器件予以保税。由区外进入加工区的货物视同出口予以退税，区内加工产品不征收增值税，加工区运往区外的货物按规定办理进口手续并按实际状态征税	区内只能设立从事出口加工的生产企业和为其服务的仓储企业，以及专门从事加工区货物进出的运输企业	大连、天津、上海松江和江苏昆山等

续表

类型	主要功能	优惠政策	特点	实例
保税物流中心（A型、B型）	主要功能：保税仓储、简单加工、国际贸易和配送	A型是指由一个物流公司为主开展保税货物仓储；B型是指由多家保税物流企业进驻的公共型保税物流中心。其税收政策类似于实行"区港联动"的保税物流园区	保税物流中心具有同区港联动保税物流园区相同的保税仓储物流功能，无须依托保税区	上海外高桥保税区以及天津、大连、青岛、张家港、宁波、深圳、厦门7个保税区等
各类保税仓库	保税仓库除具有传统的保税仓储功能外，还具有转口贸易、缓税、简单加工和增值服务、物流配送、商品展示等功能	①允许一般贸易货物存入保税仓库。②拓宽保税仓储货物流向的渠道，提高物流辐射范围。③适应第三方物流的需求，赋予保税仓库增值服务功能	保税仓库实际是口岸功能的延伸	截至2006年底经海关批准的各类保税仓库已有692个，主要是公共保税仓库、企业的备料保税仓库、寄售维修仓库和出口监管仓库等

资料来源：摘自海关网站：http：//www.customs.gov.cn/tabid/519/Default.aspx。

海关特殊监管区域种类较多，有些功能重合，应制定海关特殊监管区域整体规划，建立健全设立审批条件标准，逐步整合、统一海关特殊监管区域，统筹研究入区产业指导目录、准入退出机制等。形成区内外的政策落差，给区内企业提供更为宽松的政策和便利措施，引导加工贸易向特殊监管区域集中。利用特殊监管区内便于监管的优势，优先在区内拓展内销产品维修、分拨、展示等功能，支持开展保税物流和保税服务。目前，中西部地区反映海关监管人力资源不足，能力建设不适应外贸快速发展和加工贸易转移升级的需要，东部地区反映基层海关工作繁重，但职工待遇较低，留不住优秀人才。

应转变观念，从依靠数量和规模转向依靠质量和效益。加强外贸和产业政策的协调，建立完整价值链、产业链、供应链和贸易链，形成较强的产业配套能力，保持外贸国际竞争力，支持经济技术开发区、高新技术产业园区和各类海关特殊监管区域进一步发展。统筹外贸和外资政策，引导外资进入高附加值、高技术和节能环保的产业。加大对企业产品研发、技术创新的政策扶持，依托科研资源建设一批研发创新公共服务平台，形成要素集聚，提高综合竞争力。

第八章 几个省市推进转型升级政策的调查

第一节 重庆市在金融危机前后对加工贸易企业的政策扶持

重庆市积极转变外贸发展方式，结合实际探索，着重抓了以下几项重点举措：

一、创新内陆加工贸易新模式

多年来，重庆作为内陆发展加工贸易，在模式创新上求突破。国际金融危机爆发以来，全球产业转移加剧。重庆抢抓机遇，迅速引进了一批世界500强企业落户，把笔记本电脑等一大批高新技术产品的国外生产增量拿到了重庆。结合实际转变发展方式，改变整机和零部件分离的水平分工模式，实现垂直整合产业链。由于创新了模式，世界前三位笔记本品牌商惠普、宏碁、华硕和著名代工商富士康、广达、英业达、和硕、纬创、仁宝入驻重庆，形成亚洲最大的笔记本电脑及关联产品出口生产基地。重庆目前已有 200 多个零部件厂商设厂，2011 年底可实现零部件 60% 重庆本地造，2012 年实现 80% 本地造。改变了沿海加工贸易模式，促进了重庆加工贸易快速发展，2011 年生产笔记本电脑 3000 万台，计划 2012 年生产 7000 万台，3~4 年内产量达 1 亿台，约占全球产量的 1/3。

二、创新内陆开放物流通行模式

为降低出项物流成本，在海关总署、铁道部、商务部等部委的支持下，开通了渝新欧铁路专线（欧亚大陆桥南线），重庆专列从阿拉山口出境，经哈萨克斯坦、俄罗斯、白俄罗斯、波兰至德国的杜伊斯堡，全程 16 天，经优化后可缩短至 12 天。而从上海、广州海运至欧洲需 40 天，上海、广州货物即使走北线经西伯利亚到欧洲也要 20 天。同时，还开通了重庆至盐田港到欧洲的铁海联运，从这条通道走，重庆至欧洲海运行程只需 27 天。"渝新欧"铁路专线和"渝深欧"铁海联运的开通，极大地缩短了重庆及其周边货物通向欧洲的物流时间。同时，重庆加入了中国海关与欧洲各国的"安智贸"协议，重庆货物通关效率又进一步提高，使重庆发展加工贸易不再受物流瓶颈制约。物流通行模式的创新，使西部的重庆变成通向欧洲的桥头堡，极大地推动了重庆和内陆地区的开放发展，并使我国物流方向发生重大转变。

三、引进世界知名企业

2009 年以来，重庆抓住全球产业转移重大机遇，成功引进全球高新技术知名企业，有效地促进了产业结构调整。2011 年全年笔记本电脑产出超过 3000 万台，实现进出口额 100 亿美元以上。未来几年将实现年产笔记本电脑上亿台，连同相关电子产品，销售值过万亿元，实现进出口 1000 亿美元以上，重庆力争成为全球最大的笔记本电脑基地。电子信息产业将成为重庆经济发展的第一支柱产业。

四、"走出去"带动外贸发展方式转变

与东部沿海地区相比，重庆境外投资起步较晚。2007 年以后，重庆对外投资开始跨越式发展。2010 年，全市协议对外投资 50 亿美元，名列各省市前茅。截至 2011 年 4 月，全市累计境外投资企业 160 家。具有代表性的项目有：重庆粮食集团投资巴西建设 300 万亩优质大豆基地，已有收成，可形成自产自销 200 万吨、收购贸易 200 万吨、储运 100 万吨的规模；重钢集团和外经贸集团联合收购澳大利亚铁矿项目，2011 年上半年开工建设，到 2013 年起每年可开采 1500 万~2000 万吨铁矿石，价格比市场要低 60%；重庆机电集团收购英国精密技术集团获得机床及螺杆加工的三个百年品牌和五项先进技术项目，2011 年 8 月出样机，使重庆机床技术迈上新台阶；重庆博塞矿业集团收购加纳 6000 万吨优质冶金级铝土矿项目，并在圭亚那收购铝钒矿办厂。这些项目陆续投产，将催生大豆、铁矿砂等大宗商品进口和农机、矿山机械等出口。与此同时，对外承包工程可以带动外贸出口，2010 年，重庆对外承包工程企业出口 3.52 亿美元，主要为成套设备、工程机械、五金机具、建筑材料等。

五、金融危机及加工贸易快速发展过程中面临的困难

重庆海关和检验检疫局的人员一直是省辖市的编制，基本没有大的调整扩充，2010 年重庆寸滩港口岸扩大开放，重庆向国务院申请增加海关查验人员 112 名，检验检疫查验人员 96 名。西永综合保税区作为我国目前最

大的综合保税区，是先有企业后设区，因重大项目落地而设区。西永综合保税区 2010 年获批，当年建成并通过国家验收，2010 年 9 月投产。随着笔记本电脑等高新技术产品迅猛上量达产，配备相应的海关人员已迫在眉睫。

一是国家保持外贸促进政策的稳定性和连续性。尤其是保持出口退税政策的稳定；加大对重庆发展开放型经济在财税方面的扶持力度，出台更具针对性的支持政策，鼓励和引导外贸企业转变外贸发展方式；进一步提高通关效率，降低通关收费标准，促进贸易便利化。

二是进一步完善进口促进政策。鼓励企业充分利用"两个市场、两种资源"，降低生产成本，支持重庆利用自身承东启西、连接南北的区位环境，以及拥有内陆唯一的"水、空"双功能保税港区和全国最大综合保税区的独特优势，建设西部进口商品分销中心和集散基地；保持汇率相对稳定，控制人民币升值的幅度和速度；加大对中小企业的金融支持，完善信贷考核体系，发展多层次中小企业信用担保体系。

三是建立健全国家和地方共同参与的贸易摩擦应对机制。建立国家发改委、商务部、外交部、海关总署、质检总局和工信部等多部门和省市政府共同参与的贸易摩擦应对机制，加大预警信息通报、出口风险发布和针对企业的应诉指导和培训。

四是国家设立扶持西部承接产业转移发展专项基金。以重庆为试点，对西部中心城市、资源富集区、老工业基地、贫困地区、生态脆弱区、边境地区等不同类型区域，实行有针对性的差别化分类扶持，在资金、特殊监管区域建设、便捷通关、人员培训和资金支持等方面加大工作力度。

五是帮助尽快解决西永海关等联检机构设置和增编问题。协调国家有关部委批复核定海关人员编制 400 名、检验检疫人员编制 200 名，两路寸滩港区增加海关人员编制 200 名。

六是支持加工贸易政策试点。海关总署、国税总局等部门允许重庆开展境外产品维修等新型保税服务业务；允许重庆开展加工贸易用于研发的设备、仪器及专用易耗料件保税政策的试点。

七是开展联网服务。以重庆为试点，推动海关和商务主管部门联网，以及拓展到与企业联网（三方联网），提供相应技术支撑和资金支持，降低企业运行成本，提高政府服务效能。

八是简化企业对外投资审批程序。国家发改委、商务部、国资委、外管局等建立审批联动机制，明确审批时限，简化立项程序，缩短审批时间，为企业赢取最佳商机。

九是将重庆列为汽车整车进口口岸。目前我国已批准7个汽车整车进口口岸，而西部内陆城市尚无汽车整车进口口岸。批准重庆成为汽车整车进口口岸，能够充分发挥重庆保税港区作为西部物流集散地的作用，并推动西部地区汽摩产业发展。

"十二五"期间，在重庆区位优势逐渐显现和产业转移不断深化的新形势下，应实施互利共赢的开放战略，坚定不移地转变外贸发展方式，努力提高对外开放水平，加快推进内陆开放高地建设。

第二节 上海市在金融危机前后对加工贸易企业的政策扶持

"十二五"时期是加快推进"四个率先"、加快建设"四个中心"和社会主义现代化国际大都市的关键时期，因此上海把"创新驱动、转型发展"

作为站在更高起点上推动科学发展的战略选择。在经贸领域，上海必须进一步加快转变外贸发展方式，进一步促改革、促创新，积极创造参与国际竞争与合作的新优势。

一、上海市经济社会发展概况

2011 年一季度，上海市发展态势良好，经济运行好于预期，全市生产总值同比增长 8.5%，工业生产、消费和地方财政收入实现较快增长。社会运行总体保持和谐稳定，新增就业岗位 19.9 万个，最低工资标准提高 160 元/月。主要特点呈现为：一是工业保持较快增长。全市规模以上工业总产值同比增长 12.5%，汽车、成套设备和轻工行业产值分别增长 22.5%、23% 和 13.6%。而电子信息、钢铁、石化行业增速明显回落，其中电子信息行业出口需求下降，2011 年一季度产值增长 8.7%。二是新兴服务业发展态势良好。2011 年一季度全市第三产业增加值同比增长 7%，上海证券交易所股票市场成交额增长 14.9%，人民币对外汇期权交易正式推出，铅期货挂牌上市，期货保税交割开始实质运作；国际集装箱吞吐量增长 12.3%，洋山深水港国际干线集装箱船舶进出艘次增长 27.5%。三是消费领先投资增长。2011 年一季度，全市商品销售总额 10447.7 亿元，同比增长 22.6%；社会消费品零售总额 1618.3 亿元，增长 12.9%。特别高端消费和新型业态成为消费新亮点。而且是在 2011 年一季度全社会固定资本投资总额同比下降 8.1% 的情况下取得的成果。

二、对外贸易运行情况

2011 年一季度，全市外贸进口 528 亿美元，增长 29.4%，低于全国 3.2 个百分点，贸易收支延续了 2010 年全年走势，逆差 69.9 亿美元。上海关区进出口总额 1792.4 亿美元，同比增长 23.6%，占全国的比重为 22.4%。

主要特点呈现为：一是进口规模和增速均高于出口，其中进口增速快于出口 9.5 个百分点，特别商品价格上涨对进口拉动作用较大，其中原油、铁矿砂、成品油进口价格分别同比上涨 24.3%、59.5% 和 18.7%。二是加工贸易出口比重有所下降。一季度加工贸易进出口增长 10.9%，占全市比重的 34.5%，比 2010 年全年下降了 3.1 个百分点，其中出口增长 9.9%，低于全市 10 个百分点，占全市出口比重的 52.9%，低于 2010 年全年 2.6 个百分点；而一般贸易进出口增长 30.6%，其他贸易进出口增长 39.1%。三是私营企业出口领先增长。一季度增长 37.6%，分别比国有企业、外资企业出口高 25.6 个和 18.9 个百分点。另外，2011 年 3 月初在沪举办华交会，成交额同比仅增长 5.8%，表明必须谨慎对待后续的外需形势。

2011 年一季度，上海全市实际利用外资同比增长 5.4%。第三产业实际利用外资占比达到 76.3%。2011 年一季度批发零售业、租赁商务服务业合同外资分别增长 62.4% 和 8.2%。外资总部经济发展良好。一季度，全市新设立功能性外资机构 35 家，其中地区总部 21 家，投资性公司 10 家，研发中心 4 家，累计达到 326 家、223 家和 323 家，成为吸引跨国公司地区总部和外商投资性公司最多的城市。

按照"十二五"规划纲要总体要求，上海以全方位提高对外开放水平为目标，着力优化对外贸易结构，着力提升进口综合效应，着力推进贸易便利化进程，加快上海国际贸易中心建设。

三、重点任务

（1）优化贸易市场结构，积极拓展国际、国内两个市场。一是鼓励企业积极开拓海外市场，鼓励本市企业参加境内外各类专业性展览会，承接订单、扩大出口。二是在着力保持传统市场份额的同时，大力开拓新兴市场，支持企业赴境外投资新建工厂或收购国外品牌和营销网络，深度拓展境外市场。积极构建统一的国际、国内市场体系，逐步实行与国际接轨的内外贸统一政策，推动国际、国内市场优势互补，大力推进跨国采购中心外贸产品内销项目，不断探索以电子商务为主的多渠道、多方式的外贸产品内销模式。

（2）优化贸易主体结构，提升外贸企业国际竞争力。一是深化国有外贸企业改革，支持有条件的外贸企业集团发展和提升市场流通功能；进一步改善中小外贸企业的市场准入，金融扶持、出口信用保险等方面的发展环境，引导企业向规模化、集约化、优质化发展。加快发展本土跨国企业和拥有海内外营销网络的跨国贸易服务商。二是鼓励外商投资企业将贸易总部或经营性总部设在上海，提升上海外贸主体的结构和品质。

（3）一步优化出口商品结构，加快培育出口新优势。一是积极鼓励具有自主知识产权、自主品牌和高附加值的产品扩大出口。推动一批具备一定条件的外贸企业建立出口产品设计中心、研发中心、产品展示中心、打样中心和检测中心等，鼓励外贸企业培育有影响力、有市场竞争力的自有品牌产品，重视对出口品牌的保护，鼓励企业开展品牌国际推广、品牌收购、商标注册、质量管理体系认证。二是大力推动国家级出口基地建设。推进汽车及零部件出口基地、国家科技兴贸创新基地（生物医药）等国家级出口基地建设，建立产品设计和贸易促进中心、研发中心、检验中心、营销中心、专业展示、网络信息等公共服务平台，提升上海外贸出口产品的层次和水平。

（4）扩大进口贸易发展，推动产业结构转型升级。一是鼓励企业进口先进技术与设备、关键零部件、能源资源、节能环保等产品，不断提高消化吸收和集成创新能力。二是进一步加强跨国采购中心建设，以产业链建设为抓手，以市场化运作为主导，全面加强跨国采购中心建设，加快建立服务长三角地区的重要工业原材料等产品的进口交易平台。

（5）推动加工贸易转型升级，着力培育新兴贸易业态。一是大力促进跨国公司和国内领军企业的合作，着力吸引跨国公司把更高技术水平、更大增值含量的加工制造环节和研发机构入驻，鼓励国内加工贸易企业逐步创建自有品牌，探索出口加工区拓展内销产品维修、分拨、展示等功能试点。二是进一步加强上海国际贸易示范区建设，拓展多元化贸易功能。加快国际贸易电子商务的发展，建设网上国际贸易中心平台和各类专业国际贸易电子商务平台，支持金融支付、网络营运、信息咨询、物流配送等电子商务全产业链加快发展，不断放大世博效应，切实推动虹桥商务区国家级会展中心建设；同时做大做强中国工博会、华交会、跨国采购大会等重点展会，推动各类展览会进一步提高国际化、专业化和市场化水平。

（6）深入推进贸易便利化，进一步优化对外贸易环境。一是进一步完善贸易便利化工作机制，形成部门合力，推进贸易的全程便利化。二是进一步营造公平贸易的良好环境，妥善应对贸易摩擦，灵活运用贸易救济手段，为企业争取更多的主动权和话语权；加强与贸易发展相适应的知识产权法治建设，逐步建立和完善对外贸易领域的知识产权管理体制、预警应急机制、海外维权机制和争端解决机制。

上海要充分利用两个市场、两种资源，不断提高服务长三角，服务长江流域、服务全国的能力。一是进一步支持上海国际贸易中心建设，发挥上海经济、口岸等综合优势，发挥上海金融中心、贸易中心、航运中心联动建设优势，在扩大开放、提升贸易能级等方面先行先试，不断提高贸易便利化程度，充分发挥上海口岸服务平台作用，支持试验建立自由贸易园区，探索实施与国际惯例接轨的体制机制，促进高端贸易服务业集聚发展，带动上海及长三角对外贸易转型升级。二是积极研究出台"一揽子"综合性的"走出去"支持政策，加大对"走出去"企业在市场拓展、品牌收购、资金调度等方面的支持力度；并积极培育提升我国自身相配套的会计清算、法律咨询、市场调研等中介服务实力，为提高境外投资成功率创造良好条件。

第三节　四川省外贸发展形势和趋势

一、基本情况

近年来，四川省对外贸易发展迅猛。2010 年，外贸进出口总额 327.8 亿美元，其中，出口占 188.5 亿美元，进口占 139.3 亿美元。从全国排位来看，2010 年四川外贸进出口总值、出口总值、进口总值均列全国第 11 位。"十一五"期间，外贸进出口总额达 1044.47 亿美元，是"十五"的近 4 倍，年均增长 32.9%，比"十五"高 8.4 个百分点。据海关统计，2010 年，四川加工贸易进出口总额 110.6 亿美元，同比增长 38.1%，高于全国加工贸易进出口增幅 10 个百分点，占全省外贸进出口总额的 33.7%。其中，加工贸易出口 47 亿美元，同比增长 13%，占全省外贸出口总额的 24.9%；加工贸易进口 63.6 亿美元，同比增长 65.4%，占全省外贸进口总额的 47%。

外贸发展的质量进一步提高。出口贸易结构进一步优化，出口产品已从过去以农产品和初加工产品为主，转变为以机电产品和高新技术产品为主、特色优质农产品为辅的新型出口模式，软件、金融、财务和人力资源等服务外包产业出口大幅度增长并成为新亮点；外贸主体企业实力进一步增强，出口企业从外贸流通性公司扩大到生产企业、科研院所，从国有企业扩大到民营和外商投资企业，已形成多种企业形式并存、大中小型企业共同发展的新格局；海外市场不断拓展，四川省产品出口到世界207个国家和地区，覆盖地域不断扩大，多元市场逐步形成。到"十一五"末，全省GDP的对外贸易依存度达到12%以上。特点有：一是出口结构有所改善。全省机电产品出口31.6亿美元，增长10%，高于全省平均增幅3.3个百分点；高新技术产品出口18.2亿美元，增长40.8%；加工贸易出口20.1亿美元，增长42.1%。二是外商投资企业出口对全省出口的拉动作用明显。全省外商投资企业出口19.6亿美元，增长40.4%，高于全省平均增幅33.7个百分点。三是主要出口市场增长快。对中国香港和欧美日印等主要出口市场增长态势良好，分别出口13.54亿美元、9.91亿美元、7.22亿美元、4.03亿美元和1.9亿美元，分别增长46.2%、31.1%、63.2%、7.4%和29.5%。四川省加工贸易的情况体现在以下几点：

一是多元主体共推加工贸易出口再上台阶。2010年，国有、外资、民营企业加工贸易出口分别为8.3亿美元、34.9亿美元、3.9亿美元，同比增长分别为112%、0.3%、31%，国有、民营企业出口增幅超过外资企业和全省加工贸易出口平均增幅。多元主体的共同发展，在2008年突破30亿美元、2009年突破40亿美元的基础上，克服英特尔出口物流方式改变所造成的出口统计下降的不利影响，助推加工贸易再上台阶。

二是产业升级促进加工贸易结构优化。在金融危机下，跨国公司加速向四川整合集中产能，大量增加四川电子元器件和鞋类企业订单份额，2010年电子及家电产品，包括CPU、半导体、电视、太阳能电池等，出口33.1

亿美元,增长3%,占加工贸易出口的70%。重装产品出口8.1亿美元,含石油钻机、船舶、冶金设备等,同比增长55%,占加工贸易出口的17%。鞋类产品出口2.4亿美元,增长36.4%。已形成以高新技术产品和重大装备为主的加工贸易出口产品结构。

三是承接转移形成加工贸易新增长点。产业园区硬件设施不断完善,服务质量提升,承接转移能力增强,新的出口增长点不断涌现。主要表现在:前期转移企业中涌现出一批"愿意来、留得住、能发展"的成功范例,英特尔、宇芯、金威利等成为跨国公司产能集中整合的目标地,产能、产量同步递增。加工贸易转移企业扩大在二线城市选点布局。除原成都、乐山、绵阳、德阳等市外,内江、广元、南充等市也开始陆续有加工贸易转移企业落地。转移范围从产业聚集向产业集群发展,从零部件向终端产品延伸。光电显示、光伏产业链基本形成;二极管、电阻、电容、变压器等电子元器件逐步增多。通过承接转移形成新的增长点,为四川加工贸易实体经济奠定了持续发展的基础。

二、面临的矛盾和问题

一是四川外贸的总量仍然偏小。四川外贸发展主要问题还是量的问题。要在保证质量的前提下实现量的扩张。从四川外贸结构来看,2010年,四川以一般贸易方式出口97.7亿美元,占同期全省整体外贸出口的51.8%,占半壁江山;而加工贸易出口45.5亿美元,仅占同期全省整体外贸出口的24.1%。一般贸易进口64.1亿美元,占全省整体外贸进口的46%;加工贸易进口63.4亿美元,占全省整体外贸进口的45.5%。但是,四川外贸进出口总额仅占全国的1.1%,与排第9位的辽宁省(进出口总额806.7万亿美元)相差1.5倍,与排列第一位的广州(进出口总额7846.6万亿美元)更没有可比性。这与四川经济社会发展的现状及需求不相符合。

二是人民币升值的影响。近年来，人民币面临升值压力。人民币升值直接压缩了企业利润，降低出口竞争力，尤其是大型成套设备企业合同金额大、收汇周期长，受汇率变动影响最大。由于无法预估人民币升值幅度，企业不敢接大单、长单，对生产经营造成影响。

三是劳动力成本不断增加。一方面，劳动力工资水平不断上升。2010年，四川最低工资标准由原来的 450 元、550 元、650 元三个档次调整到650 元、710 元、780 元、850 元四个档次。另一方面，用工缺口凸显。随着富士康等一批劳动密集型项目在川落地，劳动力需求量大，造成劳务输出大省劳工荒，出现向陕西周边省"借人"的现象。另外，熟练工人和技术工人紧缺，部分劳动者就业难和招工难并存的结构性矛盾仍十分突出。

四是建设用地的供需矛盾增大。国家不断强化土地供给刚性约束，四川建设用地供需矛盾十分突出。2011 年 1~3 月，全省实际征用和购置土地面积 2807.4 亿公顷，同比下降 62.7%，占规划用地面积的比重由上年的7.6%下降到 3.4%。土地的约束对企业发展提出了越来越高的要求。

五是原材料和价格上涨。流动性过剩导致资金涌向大宗商品市场，涨价风潮几乎蔓延原料、燃料等生产要素领域。输入性通胀压力加大，初级产品价格持续上涨，加大了企业成本压力和生产组织难度。

六是有外贸出口实绩的企业减少。受企业用工成本上升、人民币升值预期增强、利率上升、出口退税程序更加复杂等因素影响，四川出口企业数有所减少。2011 年 1~3 月，有出口实绩企业总数为 1820 家，较上年同期减少 113 家。其中新增 501 家，另有 614 家企业出口值降为 0。

三、加工贸易转型升级问题

一是结合城乡统筹、城镇化发展和扩大内需工作，依托海关特殊监管区及各类工业园区、出口加工区，大力发展劳动密集型、资本和技术密集型加工贸易，努力推动加工贸易向先进制造技术和新兴制造业领域延伸。二是加快发挥加工贸易的技术转移效应，注重延长国内增值链，增强配套能力，形成高新技术产品拉动机电产品出口增长、机电产品出口拉动外贸出口增长的新局面。三是加大基础设施建设。2007 年四川省委省政府做出建设西部综合交通枢纽的重大战略部署以来，全省交通基础设施固定资产投资超过 2400 亿元。先后开工 23 个铁路项目、30 条高速公路；长江中下游主航道实现了千吨级船舶昼夜通航，宜宾的集装箱吞吐能力达到 100 万标准箱的规模；双流机场经过扩建实现了全国第 6 个旅客吞吐量超 2000 万人次和第四个启动第二跑道的枢纽机场的目标；成都航空物流园区、铁路集装箱中心站、新都物流园区等重点物流项目相继启动建设。交通物流基础设施的极大改善，为四川发展外贸、转变外贸发展方式创造了更加有利的条件。

2011 年一季度，四川加工贸易出口 15.1 亿美元，增长 45.9%，而同期全国加工贸易出口下降 22.1%，拉动全省整体出口增长 10.8 个百分点，是推动四川出口增长的首要因素。存在的主要问题有：一是在主要出口商品中，出口规模大的产品主要集中在初级产品上。2011 年一季度，全省机电产品出口 24.4 亿美元，增长 15%，低于全国 7.8 个百分点；初级产品、工业半成品和工业制成品出口的比例关系，由 2010 年同期的 3.3：19.3：77.4 变为 4.4：20.2：75.4，出口产品结构恶化。二是发展不平衡，产品科技含量不高。四川加工贸易集中在以成都为中心的经济带。2011 年一季度成都出口额达 37 亿美元，居全省第一，占全省外贸出口的 78.2%。加工贸易的产品中，缺乏高附加值的机电产品和高新技术产品，影响了加工贸易的进一步发展。

四、关于开放型经济建设及相关问题

近年来，四川利用外资大幅增长，质量水平不断提高。2005~2010年，全省实际利用外资从11亿美元增加到70.1亿美元；在川落户的境外世界500强企业从111家增加到160家。成都综合保税区获得国家批准建设。新增加外国驻川领事机构4家、国际友城17对。2011年1~3月，利用外资继续保持了快速增长势头，实际利用外资19.7亿美元，增长52.5%。

全省承接产业转移成效明显。"十一五"期间，累计引进国内省外资金1.55亿元，比"十五"时期增长7.5倍。英特尔、富士康、仁宝、丰田、一汽大众等一批重大项目入驻四川，不仅带动了大量配套企业落户，而且促进了四川产业结构优化升级。同时，全面推进国际国内区域合作。新川创新科技园正式签约，西博会已成为我国在西部地区重要的外交、投资促进和经贸合作平台。

"走出去"步伐加快。2005~2010年，四川对外承包工程额从6亿美元增加到40亿美元。五年累计境外投资12亿美元、对外承包工程完成营业额118亿美元、外派劳务15万人次，分别比"十五"时期增长3.6倍、5倍和1.3倍。2011年一季度，四川民营企业到境外获取战略资源、拓展企业发展空间成为四川境外投资的亮点。宏达集团在坦桑尼亚的煤铁综合开发利用项目成功中标，新希望集团在新西兰的农业并购项目等一批并购项目获得核准。同时，外商投资和境外投资也面临较大压力：一是吸引外资竞争日趋激烈。从国际看，国际金融危机导致发达国家纷纷改变海外投资战略，通过修改金融、税收等国内政策吸引海外资本回流；南美洲、亚洲等发展中国家，则利用其劳动力和资源优势，对中国中西部地区吸引外资造成冲击。从国内看，中西部地区都加大了承接国际、国内产业转移的力度，纷

纷制定了相应的政策措施，四川吸引外资面临较大的压力。二是境外投资的风险加大。随着一些北非国家局势动荡加剧，整个非洲地区乃至全球范围内的局势日趋复杂，四川在非洲的资源开发类项目将面临巨大的风险。而美国、澳大利亚等国对中国投资采取更加严格的审查制度，也使在境外的并购类项目投资出现更多的不确定因素。

附 录

附录一　加工贸易企业经营情况及生产能力证明

加工贸易经营状况及生产能力证明〔由各类有进出口经营权的生产型企业（含外商投资企业）填写〕

企业名称：东莞×××公司		
进出口企业代码： 4400617××××××	海关代码：4413××××××	法人代表：×××
税务登记号： 441301×××××××××	外汇登记号：441300××××××	注册时间：1995 年 11 月 20 日
基本账号及开户银行：440711×××××××××××	联系电话/传真：0752-×××××××	
通信地址及邮编：广东省东莞市　　开发区××号小区　　邮编：516×××		
企业类型（选中打"√"）：□1. 国有企业　□2. 外商投资企业√　□3. 民营、私营　□4. 其他企业		
海关分类评定级别（选中打"√"）：□A 类　□B 类√　□C 类　□D 类　（以填表时为准）		

（外商投资企业填写）	注册资本（万美元）：300万美元	累计实际投资总额（万美元）：800万美元	实际投资来源地： 1. 港方投资，投资总额800万美元 2. 3. 4. 5.	外商本年度拟投资额（万美元）： 外商下年度拟投资额（万美元）：
（非外商投资企业填写）	注册资本：	资产总额：	净资产额：	本年度拟投资额： 下年度拟投资额：

研发机构数量：□改进型 自主型：□核心 □外围： 研发机构投资总额：	是□ 否□ 世界500强公司投资（选择"√"） （根据美国《财富》杂志年评结果，主要考察投资主体）

技术水平：A. 世界先进水平 B. 国内先进水平√ C. 行业先进水平

累计获得专利情况： 1. 国外（ 个） 2. 国内（ 个）

员工总数：2870人	文化程度：1. 本科以上（70人） 2. 高中、大专（500人） 3. 初中及以下（2300人） （在括号内填入人数）

经营范围：（按营业执照）
生产经营电子元器件、光电子器件。

	营业额（万元）：1760万美元	利润总额（万元）：97万美元	
	纳税总额（万元）：25.6万美元	企业所得税（万元）：14万美元	
	工资总额（万元）：32万美元	个人所得税总计（万元）：1.7万美元	
上 年 度	加工贸易进出口额：312.7万美元	出口额（万美元）：165万美元	进口额（万美元）：146万美元
	进料加工进出口额：312.7万美元	出口额（万美元）：165万美元	进口额（万美元）：146万美元
	来料加工进出口额：	出口额：	进口额：
	加工贸易合同份数：6份	进料加工合同份数：	来料加工合同份数：
	进出口结售汇差额：84万美元	出口结汇额（万美元）：84万美元	进口售汇额（万美元）：
	进料加工结售汇差额：	进料加工结汇（万美元）：	进料加工售汇（万美元）：
	加工贸易转内销额（万美元）：	内销补税额（万元）（含利息）：	来料加工（工缴费）：

续表

	内销主要原因：1. 国外市场方面　2. 国外企业方面　3. 国外法规调整　4. 客户√　（可多项选择）　5. 国内市场方面　6. 国内企业方面　7. 国内法规调整　8. 产品质量		
上年度	深加工结转总额：74 万美元	转出额（万美元）：0	转进额（万美元）：74 万美元
	本企业采购国产料件额（万元）（不含深加工结转料件和出口后复进口的国产料件）：		
	国内上游配套企业家数：	国内下游用户企业家数：	
	直接出口订单来源：A. 跨国公司统一采购　B. 进口料件供应商　C. 自有客户√　D. 其他客户		

上年度加工贸易主要进口商品（按以下分类序号选择"√"，每类可多项选择）

大类：□1. 初级产品　□2. 工业制成品√

中类：□A. 机电√　□B. 高新技术　□C. 纺织品　□D. 工业品　□E. 农产品　□F. 化工产品

小类：□a. 电子信息√　□b. 机械设备　□c. 纺织服装　□d. 鞋类　□e. 旅行品、箱包
□f. 玩具　□g. 家具　□h. 塑料制品　□i. 金属制品　□j. 其他　□k. 化工产品

上年度加工贸易主要进口商品（按以下分类序号选择"√"，每类可多项选择）

大类：□1. 初级产品　□2. 工业制成品√

中类：□A. 机电√　□B. 高新技术　□C. 纺织品　□D. 工业品　□E. 农产品　□F. 化工产品

小类：□a. 电子信息√　□b. 机械设备　□c. 纺织服装　□d. 鞋类　□e. 旅行品、箱包
□f. 玩具　□g. 家具　□h. 塑料制品　□i. 金属制品　□j. 其他　□k. 化工产品

	厂房面积：（平方米）2118	仓库面积：（平方米）1320	生产性员工人数：2780
生产能力	生产加工范围：生产加工电子元器件、光电子器件。		
	生产规模：（主要产出成品数量及单位）年产光头 90 万台，机芯 75 万台。		
	累计生产设备投资额（万美元）：（截至填表时）460 万美元		
	上年度生产设备投资额（万美元）：320 美元		
	累计加工贸易进口不作价设备额（万美元）：（截至填表时）		

企业承诺：以上情况真实无讹并承担法律责任	法人代表签字：×××	企业盖章　惠州×××公司（盖章）　年　　月　　日
外经贸审核部门意见：同意填报情况	审核人：×××	审核部门签章　年　　月　　日
备注：		

说明：①有关数据如无特殊说明均填写上年度数据；②涉及数值、年月均填写阿拉伯数字（日期格式：2000-01-01），备注栏允许 100 汉字或 200 字符；③进出口额、深加工结转额以海关统计或实际发生额为准，累计实际投资总额、净资产额、投资总额数据截至填表时；④只统计本企业既为经营企业又为加工企业的加工贸易业务，受委托的从事加工贸易业务由相关经营企业统计；⑤如无特别说明，金额最小单位为"万美元"和"万元"；⑥"累计实际投资总额"只统计外资企业的外商投资额。

附录二 经营者调查问卷

（2011 年）企业名称（盖章）：

企业经营者（一把手）姓名： 电话：

填表日期：

＊＊＊＊＊＊＊ ＊＊＊＊＊＊＊＊＊ ＊＊＊＊＊＊＊＊＊＊＊＊＊＊＊＊＊＊

＊＊＊＊＊＊＊＊＊＊＊＊＊＊＊＊＊＊＊＊＊＊＊＊＊＊＊＊＊＊＊＊＊＊＊＊＊

1. 请说明表内各类决策活动（各行）中，哪些主体具有重要的影响力？（请在相应项的格子里打"√"）

企业主要决策活动	①董事会	②政府主管部门	③企业经营一把手	④高层管理班子集体	⑤职代会或工会
（1）投资和融资决策					
（2）产品和技术创新决策					
（3）资产处置和企业兼并决策					
（4）任免高层管理人员					
（5）内部人事管理					
（6）利润分配					
（7）工资制度					

2. 请说明在 2005 年和 2010 年这两个年度中，当地政府向企业提供的重要服务分别是什么？（请分别在两年中相应项的行里打"√"，每一年最多选 5 项）

政府能向企业提供的服务	2005 年	2010 年
(1) 确定企业的发展方向或主要指标		
(2) 决定企业的管理体制		
(3) 决定企业收入分配方案		
(4) 保证投入要素的供应		
(5) 开拓和保障销售市场		
(6) 提供进出口渠道		
(7) 向企业提供需求信息和技术信息		
(8) 吸引外商投资		
(9) 提供国家政策信息		
(10) 审批投资项目		
(11) 解决企业间的商务纠纷		
(12) 解决企业与职工间的利益纠纷		
(13) 制定和实施企业的改制方案		
(14) 安置冗余职工		
(15) 减免税收		
(16) 提供其他政策优惠		
(17) 其他（请说明）		

3. 您所在企业是上市公司或拥有上市子公司吗？（请在相应项后的○里打"√"，限选 1 项）

选项	（√）
(1) 本身是上市公司	
(2) 本身不是上市公司，但拥有上市的子公司	
(3) 本身不是上市公司，也不拥有上市的子公司	
(4) 其他（请说明）	

4. 如果您在对第 3 个问题的回答中选择了"（3）本身不是上市公司，也不拥有上市的子公司"，请回答此问题（请在相应项后的○里打"√"，限选 1 项）。如未选择那 1 项，请跳过此问题和第 5 个问题，进入第 6 个问题。

选项	(√)
（1）不想成为（或拥有）上市公司	
（2）企业不符合上市条件	
（3）企业符合上市条件但一直没有上市机会	
（4）已经提出上市申请但尚未获得批准	
（5）曾经是（或拥有）上市公司，但目前已经转让	
（6）曾经是（或拥有）上市公司，但目前已被摘牌	
（7）其他（请说明）	

5. 如果您所在企业目前不想成为上市公司，请说明主要理由。（请对下列各项中您认可的项目打"√"，可选多项；若选多项，请就所选各项的重要性做出排序，1 表示最重要，2 表示次之，其余类推）

不想成为上市公司的主要理由	(√)	重要性排序
（1）实现企业上市的手续过于繁杂，代价太高		
（2）定期对外披露经营信息对企业不利		
（3）上市公司的组织结构不适用于本企业的运营		
（4）成为上市公司不利于保持企业产权结构的稳定		
（5）目前无此需要		
（6）上市后有可能使企业的经营自主权受到限制		
（7）其他（请说明）		

6. 如果您认为目前国内商务活动中存在与正式规则（明文公布的法律、规章制度）不同的"潜规则"（非正式的、心照不宣的行事规范或惯例），那么这种潜规则的盛行对企业发展是利大还是弊大？（请在相应项后的〇里打"√"，限选 1 项）

（1）利大〇　　　　（2）弊大〇　　　　（3）不好说〇

7. 在下列经营目标中，您所在企业最重视的目标是哪一项？（请在相应项后的格子里打"√"，限选 1 项）

经营目标	(√)	经营目标	(√)
(1) 工业增加值最大化		(5) 扩大企业规模	
(2) 销售额最大化		(6) 员工收入和福利最大化	
(3) 利润最大化		(7) 其他（请说明）	
(4) 扩大市场占有率			

8. 请说明您所在企业的主要竞争手段。（请在相应项格子里打"√"，最多选 2 项；如选 2 项，请就这两项的重要程度做出排序，1 表示最重要，2 表示次之）

主要竞争手段	(√)	重要性排序
(1) 价格竞争		
(2) 质量竞争		
(3) 服务竞争		
(4) 品牌竞争（如广告等）		
(5) 产品和技术开发		
(6) 其他（请说明）		

9. 请根据您的经验说明您所在企业所处行业的特点。（请在每一行中选择一个格子打"√"）

企业经营和所在行业的特点	①同意	②不同意	③无所谓
(1) 新企业加入本行业比较困难			
(2) 本企业所在行业的需求增长迅速			
(3) 本企业能较稳定地保持自己产品或服务的独特性			
(4) 本行业中新产品或新技术往往在几个月内就被其他企业模仿			
(5) 本企业的客户易于找到其他供应厂商			
(6) 其他（请说明）			

10. 您所在企业自 2005 年以来新增发展资金的主要来源是什么？（请选出最重要的三个来源，然后在这三个来源中按重要性做出排序，1 表示最重要，2 表示次之，3 表示再次）

资金来源分类	（√）	重要性排序
（1）企业利润积累		
（2）四大国有银行贷款		
（3）其他商业银行贷款		
（4）发行股票或债券		
（5）社区集资		
（6）其他企业投资		
（7）企业间拆借		
（8）个人借款		
（9）个人入股		
（10）员工集资		
（11）政府财政投资		
（12）其他（请说明）		

11. 企业经营负责人承担经营风险的基本方式是什么？（请在相应项后的○里打"√"，并指出在您所选的方式中哪一种方式是最重要的）

承担经营风险的方式	（√）	最重要的一种方式（√）
（1）缴纳风险抵押金		
（2）将个人的部分绩效工资转为风险抵押金		
（3）抵押部分个人家产		
（4）根据企业亏损情况或资产损失情况扣减基本薪金		
（5）个人持有企业股份		
（6）个人股权抵押		
（7）不能实现任期目标时会被免职		
（8）无这方面的规定		
（9）其他（请说明）		

12. 请根据上年下列收入项目占您（经营者）个人薪金收入总额的比重对相关选项作出排序。（1 表示比重最高，2 表示次之，其余类推）

收入项目	比重排序
（1）基本（职务）薪金：由职务和岗位决定的收入	
（2）效益（风险）薪金：与企业经营业绩指标挂钩的浮动收入	
（3）各种补助和津贴	
（4）当年兑现的股权分红（股息）	
（5）当年兑现的非股权（年终）分红	
（6）其他（请说明）	

13. 根据您所在企业目前的情况，您估计最多可以削减_____％的职工而不影响企业现有的经营和运转。

14. 请用下列代码说明您所在企业中各类人员的余缺程度。（1 表示严重短缺，2 表示短缺，3 表示正好，4 表示富余，5 表示严重过剩）

人员类别	余缺程度
（1）生产和业务管理人员	
（2）行政和行政工作管理人员	
（3）技术人员	
（4）生产工人	
（5）熟练工人	

附录三　企业调查问卷

（2011 年）

企业名称（盖章）：

填报人：　　　　　　　　职务：　　　　　　　　电话：

填表日期：

＊＊＊＊＊＊＊＊＊＊＊＊＊＊＊＊＊＊＊＊＊＊＊＊＊＊＊＊＊＊＊＊

＊＊＊＊＊＊＊＊＊＊＊＊＊＊＊＊＊＊＊＊＊＊＊＊＊＊＊＊＊＊＊＊

1. 您所在企业的隶属关系。（请在相应项后的○里打"√"，限选 1 项）

（1）中央管○　　（2）省管○　　（3）地市管○　　（4）县管○

（5）无主管○　　（6）其他（请说明）＿＿＿＿＿＿

2. 根据国家最新规定，你所在企业的企业规模为＿＿＿＿＿。（请在相应项后的○里打"√"，限选 1 项）

（1）大型企业○　　　　（2）中型企业○　　　　（3）小型企业○

3. 20 世纪 90 年代以来企业的登记注册类型及其变化。（于 1990 年和 2004 年的情况，请在这两年的相应格子里打"√"；如果在这两年当中，企业的注册类型发生过变化，请在中间两列的相应行里填上年份）

工商注册类型	1990 年	变更为（年）	变更为（年）	2004 年
（1）国有企业				
（2）集体企业				

续表

工商注册类型	1990 年	变更为（年）	变更为（年）	2004 年
（3）联营企业				
（4）股份合作企业				
（5）国有独资公司				
（6）其他有限责任公司				
（7）股份有限公司				
（8）私营独资企业				
（9）私营合伙企业				
（10）私营有限责任公司				
（11）私营股份有限公司				
（12）其他企业				
（13）港澳台商投资企业				
（14）外商投资企业				

4. 请说明您所在企业属于下列三种情况中的哪一种？（请在相应项后的○里打"√"，限选 1 项）

（1）是集团母公司○　　　　（2）是某集团公司的成员企业○

（3）不属于任何企业集团○

如果您在对第 4 个问题的回答中选择了"（1）是集团母公司"，请回答下面第 5~9 个问题；如果不是，请跳过这些问题。如果您在对第 4 个问题的回答中选择了"（3）不属于任何企业集团"，请跳过第 5~15 个问题，直接回答第 16 个问题。

5. 您所在的企业集团一共有多少个下属企业？（请根据实际情况填写企业数目）

（1）有全资子公司____家；控股子公司____家；参股子公司____家

（2）有孙公司____家　　　　（3）有其他关联企业____家

6. 您所在集团内所有下属企业在组成集团以前都归同一个政府部门主

管吗？（请在相应项后的〇里打"√"，限选 1 项）

（1）都是〇　　（2）都不是〇　　（3）多数是〇　　（4）多数不是〇

7. 您所在集团内是否有经政府正式批准的财务公司？（请在相应项后的〇里打"√"，限选 1 项）

（1）有〇　　　（2）无〇

8. 如果集团里有财务公司，是否集团内所有企业都能从该财务公司获得资金？（在相应项后的〇里打"√"，限选 1 项）

（1）都能〇　　（2）都不能〇　　（3）多数能〇　　（4）多数不能〇

9. 集团为下属企业获取贷款提供担保吗？（请在相应项后的〇里打"√"，限选 1 项）

（1）为所有下属企业提供担保〇　　（2）不向任何下属企业提供担保〇

（3）为部分下属企业提供担保〇

如果你在对第 4 个问题的回答中选择了"（2）是某集团公司的成员企业"，请回答下面第 10~15 个问题；如果您在对第 4 个问题的回答中选择了"（3）不属于任何企业集团"，请跳过这些问题，直接回答第 16 个问题。

10. 您所在企业是哪一年加入这个集团的？＿＿＿＿年。

11. 该集团母公司的性质？（请在相应项后的〇里打"√"，限选 1 项）

（1）国有独资〇　　（2）国有控股〇　　（3）私营控股〇

（4）外商控股〇　　（5）职工控股〇　　（6）其他（请说明）〇＿＿＿

12. 您所在企业与该集团的隶属关系体现在以下哪些方面？（请在相应项后的〇里打"√"，可多选）

（1）股权控制〇　　（2）人事控制〇　　（3）财务控制〇

（4）计划控制〇　　（5）原材料供给〇　　（6）产品销售〇

（7）经营统筹〇　　（8）其他（请说明）〇＿＿＿＿＿＿

13. 如果集团持有您所在企业的股权，其比例是多少？ _____%。

14. 您所在企业是否要向集团上交分红利润？（请在相应项后的○里打"√"，限选 1 项）

（1）是○　　　　　（2）否○

15. 您所在企业是否要向集团上交其他费用（如管理费等）？（请在相应项后的○里打"√"，限选 1 项）

（1）是○　　　　　（2）否○

16. 如果您所在企业里有董事会，请说明其基本情况。

（1）董事会的成员共有_____人　　（2）董事会每年大约开____次会

（3）董事会去年开了_____次会

17. 如果您所在企业里有监事会，请说明其基本情况。

（1）监事会的成员共有_____人　　（2）监事会每年大约开_____次会

（3）监事会去年开了_____次会

18. 监事会成员是否列席董事会的会议？（请在相应项后的○里打"√"，限选 1 项）

（1）每次都列席○　　　　　（2）经常列席○

（3）偶尔列席○　　　　　（4）不列席○

19. 您所在企业中董事会成员的来源。（如一人兼有几种身份，只计其最主要的那一种身份，勿重复计入）

类型	人数（人）	类型	人数（人）
（1）政府行业主管机构的代表		（7）企业主的亲属	
（2）其他政府机构的代表		（8）外部自然人股东的代表	
（3）国有资产经营公司的代表		（9）职工（或工会）的代表	
（4）其他公有法人股东的代表		（10）独立董事	
（5）其他非公有法人股东的代表		（11）企业主要经营者	
（6）企业创业者或企业主		（12）其他（请说明）	

20. 您所在企业中监事会成员的来源。（如一人兼有几种身份，只计其最主要的那一种身份，勿重复计入）

类型	人数（人）	类型	人数（人）
（1）政府行业主管机构的代表		（7）企业主的亲属	
（2）其他政府机构的代表		（8）外部自然人股东的代表	
（3）国有资产经营公司的代表		（9）企业党组织的代表	
（4）其他公有法人股东的代表		（10）职工（或工会）的代表	
（5）其他非公有法人股东的代表		（11）其他（请说明）	
（6）企业创业者或企业主			

21. 请说明您所在企业现任第一经营负责人（一把手）的基本情况。（请在相应项后的○里打"√"）

（1）是否中共党员：①是○　　②否○

（2）现在的年龄：①20～29 岁○　②30～39 岁○

③40～49 岁○　④50～59 岁○

⑤60～69 岁○　⑥70～79 岁○

（3）文化程度：①小学○　②初中○　③高中○

④大专○　⑤本科○　⑥MBA○

⑦研究生○

22. 请说明您所在企业的现任经营负责人（一把手）在企业中的任职情况。（请在相应项后的格子里打"√"，限选1项）

任职情况	（√）	任职情况	（√）
（1）董事长兼总经理		（5）董事长	
（2）总经理兼党委（支部）书记		（6）总经理	
（3）董事长兼党委（支部）书记		（7）一人兼三职	
（4）党委（支部）书记			

23. 企业现任第一经营负责人（一把手）是在_____年就任现职的。

24. 您所在企业现任经营负责人（一把手）的来源。（请在相应项后的○里打"√"，限选 1 项）

（1）前任企业经理留任○　　　（2）政府官员调任○

（3）其他企业调任○　　　　　（4）企业高管人员晋升○

（5）从社会上招聘○　　　　　（6）外部自然人大股东自任○

（7）企业创业者自任○　　　　（8）控股大股东派遣○

（9）其他（请说明）○_____

25. 目前您所在企业经营负责人（一把手）的选任方式。（请在相应项后的○里打"√"，限选 1 项）

（1）主管部门任命○

（2）控股股东或主要出资者决定○

（3）董事会聘任，主管部门批准○

（4）董事会聘任，无须主管部门批准○

（5）职工代表（大会）选举，主管部门批准○

（6）职工代表（大会）选举，无须主管部门批准○

（7）职工选举，董事会批准○

（8）其他（请说明）○_____

26. 您所在企业中，在主要领导人的选拔上，上级党的组织部门是否对这些领导人进行考核？（请在相应项后的○里打"√"）

（1）是○　　　　　　　　　（2）否○

27. 如果您所在企业的经营负责人（一把手）拥有企业的股权，其所持有的股本总额为____元，它占企业总股本的____%。

28. 您所在企业的经营负责人（一把手）购买这些企业股权时是否一次

性付清全部股款?（请在相应项后的○里打"√"）

　　（1）是○　　　　　　（2）否○

　　29. 如果您所在企业的经营负责人（一把手）购买企业股权不是一次付清全部股款，而是分期付款，那么是（或预定）在几年内付清? ____年

　　30. 经营负责人（一把手）购买企业股权时的资金来源有哪些?（请在相应项后的○里打"√"，可多选）

　　（1）银行贷款○　　　　（2）私人借款○

　　（3）财政借款○　　　　（4）本人或家庭自有资金○

　　（5）个人分期偿付○　　（6）从其他企业借款○

　　（7）其他（请说明）○_____

　　31. 您所在企业对经营负责人实行的报酬激励制度有哪些?（请在相应项后的格子里打"√"）

激励方式	（√）
（1）根据年度利润的增长情况提取一定比例的奖励	
（2）根据销售额的增长情况提取一定比例的奖励	
（3）根据对企业当年各项绩效指标的综合考核来确定当年的浮动工资额	
（4）按未来（如离任后几年内）企业利润的增长率提取奖励	
（5）按脱困减亏指标的实现情况确定奖励	
（6）上缴固定的费用或租金后获取企业的全部净盈余	
（7）股权奖励（包括各种延期兑现股权的激励制度）	
（8）期权（上市公司）	
（9）其他（请说明）	

　　32. 过去5年中，您所在企业里是否有中层以上管理人员被调到政府部门任职?（请在相应项后的○里打"√"）

　　（1）①有过○　　　　　②没有过○

（2）如果曾有人到政府部门任职，那么至今共有_____人。

（3）他们中间，根据所任职务的行政级别，分别有：

①科级_____人　　　　②处级_____人

③局级_____人　　　　④部级_____人

33. 过去 5 年中，是否有干部从政府部门调入您所在企业任职？（请在相应项后的○里打"√"）

（1）①有过○　　　　②没有过○

（2）如果曾有干部从政府调入您所在企业任职的话，那么这样进入企业的共有_____人。

（3）他们中间，根据他们原来的行政级别，分别有：

①科级_____人　　　　②处级_____人

③局级_____人　　　　④部级_____人

34. （1）如果你所在企业里有独立的研发部门，它是建立于_____年。

（2）现在该研发部门有专职和兼职的研究、开发人员共_____人。

35. 您所在企业在改制中是否对原有职工实行了买断工龄、转换身份的改革？（请在相应项后的○里打"√"，限选 1 项）

（1）实行了○　　　　（2）没有实行○

如果您在对第 35 个问题的回答中选择了"（1）实行了"，请回答第 36 个问题；如果您在对第 35 个问题的回答中选择了"（2）没有实行"，请跳过第 36 个问题，进入后面的（第 37 个）问题。

36. 您所在企业在对职工实施买断工龄或转换身份的过程中所采用的主要支付方式是什么？（请在相应项后的○里打"√"）

（1）现金支付○　　　　（2）分配股权○

（3）现金和股权相结合○　　（4）社会统筹支付○

（5）其他（请说明）○_____

如果您所在企业中有职工持股，请回答下面第 37～41 个问题；如没有职工持股，请跳过这些问题，进入第 42 个问题。

37. 当职工因下列原因离开企业后，能否继续持有其股份？（请在每一行中相应的空格里打"√"，每一行中限选 1 项）

	①能继续持有全部股份	②完全不能继续持有股份	③能继续持有部分股份
（1）调离企业			
（2）辞职			
（3）退休			
（4）被解雇			

38. 职工能否自行决定转让其持有的股份？（请在相应项后的○里打"√"）

（1）能○　　　　　（2）不能○

39. 对职工转让自己股份有无条件限制？（请在相应项后的○里打"√"）

（1）有○　　　　　（2）无○

40. 职工持有的企业股份能否由其家人或亲属继承？（请在相应项后的○里打"√"，限选 1 项）

（1）能全部继承○　　（2）完全不能继承○　　（3）可部分继承○

41. 职工转让企业股份的价格主要由以下哪种方式决定？（请在相应项后的格子里打"√"，限选 1 项）

职工股权转让价格的决定方式	（√）
（1）由外部公开市场决定	
（2）由企业管理部门和出让股份的职工协商决定	
（3）在企业内部由出让职工和受让职工个人协商决定	

职工股权转让价格的决定方式	（√）
（4）按企业规定的价格转让	
（5）其他（请说明）	

42. 你单位确定职工收入时主要考虑哪些因素？（请在相应项后的格子里打"√"，最多选3项；若选多项，请在所选项目中按重要性做出排序，1表示最重要，2表示次之，其余类推）

参考因素	（√）	重要性排序
（1）个人在本单位的工龄		
（2）个人的全部工龄		
（3）个人岗位因素（强度、难度等）		
（4）个人工作业绩		
（5）个人学历		
（6）个人劳动合同期限		
（7）其他（请说明）		

43. 过去五年里，职工与企业管理层发生的纠纷主要通过哪些方式解决？（请在相应项后的格子里打"√"，可多选；如选多项，请就各种方式被常用程度做出排序，1表示最常用，2表示次之，其余类推）

解决方式	√	排序	解决方式	√	排序
（1）通过职工代表大会（工会）解决			（4）请仲裁机构仲裁		
（2）由上级政府协调解决			（5）由企业内部党组织解决		
（3）通过法院诉讼解决			（6）其他（请说明）		

44. 您的企业主要通过哪些方式解决与其他厂商的商务纠纷？（请在相应项后的格子里打"√"，可多选；若选多项，请就所选各项的重要性做出排序，1表示最重要，2表示次之，其余类推）

解决方式	排序	解决方式	排序
（1）法院诉讼		（5）政府部门协调	
（2）仲裁机构仲裁		（6）熟人朋友疏通	
（3）行业协会调解		（7）其他（请说明）	
（4）自行协商解决			

附录四　企业数据调查表

（2011 年）

企业法人代码：

企业名称（盖章）：

通信地址：

所属行业：＿＿＿＿＿＿＿＿行业代码：＿＿＿＿＿＿＿＿

企业投产日期：　　　年　　　月　　　日

填报日期：　　　年　　　月　　　日

填表人：　　　　　　职务：　　　　　　电话：

指标	单位	2006 年	2007 年	2008 年	2009 年	2010 年
投入和产出						
1. 总产值（00 年不变价）	千元					
2. 总产值（当年价）	千元					
3. 增加值（或净产值）	千元					
4. 直接材料消耗总额	千元					
5. 能源消耗总量	吨标准煤					
6. 年度研究开发和技术改造总支出	千元					
7. 出口交货值（美元）	千美元					
损益和分配						
8. 销售收入	千元					
9. 销售成本	千元					
10. 销售费用	千元					

续表

指标	单位	2006年	2007年	2008年	2009年	2010年
11. 税前销售利润	千元					
12. 投资收益	千元					
13. 其他营业利润	千元					
14. 管理费用	千元					
15. 医疗保险费（实交）	千元					
16. 养老保险费（实交）	千元					
17. 劳动、失业保险费（实交）	千元					
18. 财务费用	千元					
19. 利息支出	千元					
20. 利润总额	千元					
21. 所得税	千元					
22. 应交增值税	千元					
资产和负债						
23. 资产总计（年末余额）	千元					
24. 流动资产年均余额	千元					
25. 短期投资	千元					
26. 应收账款	千元					
27. 存货	千元					
28. 当年折旧	千元					
29. 长期投资	千元					
30. 固定资产净值（年末余额）	千元					
31. 流动负债合计	千元					
32. 长期借款（年末余额）	千元					
33. 长期应付款（年末余额）	千元					
34. 长期负债合计（年末余额）	千元					
35. 所有者权益合计（年末余额）	千元					
36. 实收资本	千元					
37. 其中：国家资本	千元					
38. 集体资本	千元					
39. 法人资本	千元					

指标	单位	2006 年	2007 年	2008 年	2009 年	2010 年
40. 其中：非国有法人资本	千元					
41. 个人资本	千元					
42. 港澳台资本	千元					
43. 外商资本	千元					
44. 资本公积	千元					
45. 盈余公积	千元					
46. 未分配利润	千元					
47. 债转股总额	千元					
48. 不良债务豁免额	千元					
49. 不良资产冲销数	千元					
50. 四大国有银行贷款余额	千元					
51. 其他商业银行贷款余额	千元					
52. 其他金融机构贷款余额	千元					
劳动和工资						
53. 工资总额	千元					
54. 应付各项福利费总额	千元					
55. 医疗保险费（应交）	千元					
56. 养老保险费（应交）	千元					
57. 劳动、失业保险费（应交）	千元					
58. 年末从业人员数（含所有在岗人员、临时工等）	人					
59. 五年以上合同工人数	人					
60. 下岗人数	人					
61. 内退人数	人					
62. 当年解聘或辞退的职工人数	人					
63. 职工改制医疗保险安置费	千元					
64. 职工改制养老保障安置费	千元					
65. 职工改制工龄补偿费	千元					
66. 职工辞退补偿安置费	千元					
企业股权结构（各类持股主体的持股率之和应为100%）						

续表

指标	单位	2006 年	2007 年	2008 年	2009 年	2010 年
67. 国家资本	%					
68. 其中：中央政府部门（包括主管行业部门改成的公司）	%					
69. 省级政府部门（包括省级行业部门形成的公司）	%					
70. 地市级政府部门（包括市级行业部门形成的公司）	%					
71. 县区级及其以下政府部门（包括相应行业公司）	%					
72. 法人资本	%					
73. 其中：国有企业法人	%					
74. 国有事业法人	%					
75. 集体企业法人	%					
76. 私营企业法人	%					
77. 职工社团法人	%					
78. 港澳台法人	%					
79. 外资法人	%					
80. 其他法人	%					
81. 个人资本	%					
82. 其中：董事长	%					
83. 总经理	%					
84. 董事或经营班子其他成员	%					
85. 企业中层管理人员	%					
86. 企业职工	%					
87. 企业外部自然人	%					
88. 境外自然人	%					
89. 集体资本	%					
90. 其中：乡镇集体	%					
91. 村集体	%					
92. 城市街道集体	%					

参考文献

［1］ Chandler G. N. , Hanks S. H. Market Attractiveness, Resource-based Capabilityies, Venture Strategies, and Venture Performance ［J］ . Journal of Business Venturing, 1994, 9 (4) .

［2］ Claessens S. , Laeven L. Financial Development, Property Rights and Growth ［J］ . Journal of Finance, 2003 (58) .

［3］ Feenstra Robert C. , Gordon H. Hanson. Intermediaries in Entrepot Trade: Hong Kong Re—Exports of Chinese Goods ［J］ . Journal of Economics and Management Strategy, 2002.

［4］ Feenstra Robert C. , Gordon H. Hanson. Ownership and Control in Outsourcing to China: Estimating the Property-Rights Theory of Firm ［J］ . The Quaterly Journal of Economics, 2005.

［5］ Helene Sicotte, Ann Langley, Integration Mechanisms and R&D Project Performance ［J］ . Journal of Engineering and Technology Management, 2000 (1) .

［6］ John·Humphrey, Hubert Schmitz. How Does Insertion in Global Value

Chains affect Upgrading in Industrial Clusters? ［J］. Regional Studies, 2002, 36 (9).

［7］J. Henri Burgers, Justin J. P. Jansen, Frans A. J. Van den Bosch, Henk W. Volberda. Structural Differentiation and Corporate Venturing: The Moderating Role of Formal and Informal Integration Mechanisms ［J］. Journal of Business Venturing, 2009 (24).

［8］Lemoine F., al-Kesenci D. China in the International Segmentation of Production Processes ［R］. CEPII Papers, No. 2002-02.

［9］Ogbonna E., Harris L. C. Managing Organizational Culture: Compliance or Genuine Change? ［J］. British Journal of Management, 1998, 9 (4): 273-288.

［10］Porter M. E. Competitive Advantage: Creating and Sustaining Superior Performance ［M］. New York: Free Press, 1985.

［11］Porter M. E. What Is Strategy? ［J］. Harvard Business Review, 1996 (74): 61-78.

［12］Prahalad C. K., Hamel G. The Core Competence of the Corporation ［J］. Harvard Business Review, 1990.

［13］Selznick P. Leadership in Administration: A Sociological Interpretation ［M］. New York: Harper & Row, 1957.

［14］Sivadas E., Dwyer R. F. An Examination of Organizational Factors Influencing New Product Development in Internal and Alliance-Based Processes ［J］. Journal of Marketing, 2013, 64 (1): 31-49.

［15］Soo Wook Kim. Effect of Supply Chain Management Practices, Supply Chain Management ［J］. An International Journal, 2006.

［16］Yan Yanni, Ding Daniel, Mak Simon. The Impact of Business Investment on Capability Exploitation and Organizational Control in International Strategic Alliances ［J］. Journal of Change Management, 2009, 9 (1).

［17］Zhang Juyan. Ownership Structure, Input Control and Bargaining in China's Processing Firms. Mimeo ［D］. South Western University of Finance and Economics, Chengdu, China, 2007.

［18］H. N. 沙伊贝, H. G. 瓦特, H. L. 福克纳. 近百年美国经济史 ［M］. 北京：中国科学技术出版社，1983.

［19］波兰尼. 个人知识——迈向后批判哲学 ［M］. 许泽民译. 贵阳：贵州人民出版社，2000.

［20］陈佳贵. 关于企业生命周期的探讨 ［J］. 中国工业经济丛刊，1988 (2).

［21］陈佳贵. 关于企业生命周期与企业蜕变的探讨 ［J］. 中国工业经济，1995 (11).

［22］陈佳贵，黄群慧. 中国已经成为名副其实的工业大国 ［J］. 企业技术进步，2005 (3)：2.

［23］丹尼尔·布尔斯廷. 美国人民主历程 ［M］. 上海：三联书店，1993.

［24］德鲁克. 管理：任务、责任、实践 ［M］. 北京：中国社会科学出版社，1987.

［25］丁永健. 面向全球产业价值链的中国制造业升级 ［M］. 北京：科学出版社，2010.

［26］李亚. 加工贸易迈向转型升级之路 ［J］. 网络财富，2008 (12)：1.

[27] 刘志彪. 长三角制造业向产业链高端攀升路径与机制 [M]. 北京: 经济科学出版社, 2009.

[28] 隆国强. 加工贸易转型升级之探讨 [N]. 国际贸易, 2008-12-20.

[29] 潘悦. 在全球化产业链条中加速升级换代——我国加工贸易的产业升级状况分析 [J]. 中国工业经济, 2002 (6): 10.

[30] 秦苒. 我国加工贸易转型发展的对策思考 [J]. 现代商贸工业, 2008, 20 (6): 2.

[31] 青木昌彦. 比较制度分析 [M]. 上海: 上海远东出版社, 2001.

[32] 沈阳. 我国加工贸易比一般贸易发达的原因探析 [J]. 经济研究导刊, 2012 (5): 2.

[33] 陶涛, 麻志明. 中国企业对外直接投资的动因分析 [J]. 改革与战略, 2009 (2): 152-155.

[34] 汪五一. 从经济全球化看我国加工贸易的发展 [J]. 财经科学, 2000 (1): 107-110.

[35] 王子先, 杨正位, 宋刚. 促进落地生根: 我国加工贸易转型升级的发展方向 [J]. 国际贸易, 2004 (2): 10-13.

[36] 小艾尔弗雷斯·D. 钱德勒. 战略与结构 [M]. 昆明: 云南人民出版社, 2002.

[37] 野中郁次郎. 知识创新型企业 [M]. 北京: 中国人民大学出版社, 1999.

[38] 张松涛. 加工贸易: 我国实现工业化的加速器 [J]. 财经界, 2003-04-007.

[39] 赵卫星. 高速成长型中小企业研究 [D]. 北京: 中国社会科学

院研究生院博士学位论文，2007.

　　[40] 钟山. 认清当前外贸形势全力做好出口信保工作 [N]. 国际商务财会，2010-06-10.

　　[41] 周施恩. 企业文化理论与实务 [M]. 北京：首都经济贸易大学出版社，2006.

后 记

三年时光，转瞬即逝。在人生难得的三年博士学习生涯中，尤其在博士学位论文的选题、理论准备和研究写作阶段，许多人给予了我无私的关怀和帮助。我希望在论文即将完成之际，对他们表示最衷心的感谢。

首先，要特别感谢我的导师陈佳贵研究员。自入学以来，陈老师在学业上对我严格要求、耐心指导，在生活中对我悉心帮助、亲切关怀。从2007年初到2012年初，一直在老师身边工作，聆听着他的谆谆教诲，对我一生都是难得的经历。"师者，所以传道授业解惑也。"我是幸运的，因为我遇到了陈老师这位慈父般的好老师。

其次，要感谢黄速建老师、黄群慧老师、王钦老师、谷玉珍老师在学习和生活中对我的帮助。

再次，感谢父亲林清波和母亲薛美连，感谢家人的帮助和支持。

最后，感谢读博三年中所有关心和支持我的人，这里不一一道名。三年的学术训练使我在思维能力上有了很大的提高，这将使我终身受益！